JUAN RAMÓN JIMÉNEZ
EN SU OBRA

ENRIQUE DÍEZ-CANEDO

Juan Ramón Jiménez
en su obra

acompañado de

Correspondencia
Juan Ramón Jiménez / Enrique Díez-Canedo
(1907-1944)

Edición y notas
Aurora Díez-Canedo F.

EL COLEGIO DE MÉXICO

92
J61d
2007

Díez-Canedo, Enrique, 1879-1944
    Juan Ramón Jiménez en su obra / Enrique Díez-Canedo. Acompañado de Correspondencia Juan Ramón Jiménez / Enrique Díez-Canedo, 1907-1944 / edición y notas Aurora Díez-Canedo F. -- 2a ed. -- México, D.F. : El Colegio de México, 2007.
    234 p. ; 23 cm

    Incluye referencias bibliográficas e índices
    ISBN 968-12-1330-0

    1. Jiménez, Juan Ramón, 1881-1958. 2. Jiménez, Juan Ramón, 1881-1958 -- Crítica e interpretación. 3. Jiménez, Juan Ramón, 1881-1958 -- Correspondencia. 4. Díez-Canedo, Enrique, 1879-1944 -- Correspondencia. I. Díez-Canedo F., Aurora, ed. III. t. IV. t. Correspondencia Juan Ramón Jiménez / Enrique Díez-Canedo, 1907-1944

Fotografías: Archivo E. Díez-Canedo, México

Primera edición de *Juan Ramón Jiménez en su obra*, 1944
Segunda edición, 2007

DR © EL COLEGIO DEMÉXICO, A.C.
    Camino al Ajusco 20
    Pedregal de Santa Teresa
    10740 México, D.F.
    www.colmex.mx

DR © Herederos de Enrique Díez-Canedo / Aurora Díez-Canedo F.

ISBN 968-12-1330-0

Impreso en México

CONTENIDO

Agradecimientos

La idea de reeditar este libro de 1944 surgió de una invitación de Francisco Gómez Ruiz para publicar en El Colegio de México alguna obra de Enrique Díez-Canedo, uno de "los primeros invitados" de La Casa de España en México. Agradezco a él y al actual presidente de El Colegio, Javier Garciadiego, su acogida e interés en este proyecto.

Las cartas de Juan Ramón Jiménez a Enrique Díez-Canedo se conservan en el archivo de este último en México; han sido consultadas por algunos investigadores y se han empezado a publicar en el *Epistolario* de Juan Ramón Jiménez editado por Alfonso Alegre Heitzmann en 2006. A Alfonso Alegre agradezco el haberme dado en intercambio fotocopias de las cartas de Díez-Canedo a Jiménez.

Agradezco también a la Residencia de Estudiantes de Madrid, especialmente a su directora (y amiga) Alicia ~~Hernández~~-Navarro, su autorización para publicar esta correspondencia de manera más o menos simultánea a la aparición del *Epistolario* de Juan Ramón Jiménez en Madrid en las Publicaciones de la Residencia de Estudiantes. De la Residencia, también conté con el apoyo de Miguel Jiménez y Alfredo Valverde. Desde Madrid, con el consentimiento y la ayuda amable y orientadora de Carmen Hernández-Pinzón, sobrina-nieta de Jiménez, heredera y conocedora de los documentos que existen en la Sala Zenobia y Juan Ramón Jiménez de la Universidad de Puerto Rico y en el Archivo Histórico Nacional de Madrid.

A Manuel Ruiz-Funes Fernández agradezco su entusiasta y desinteresada ayuda desde España.

Finalmente, por la lectura del texto de presentación y sus observaciones y sugerencias, todas las cuales he tomado en cuenta, a Zarina Martínez, Abraham Peña, a mis hermanos Joaquín y María, y a Antonio Carreira.

A. D.-C.

Gómez

Presentación

De manera parecida a otros libros escritos por Enrique Díez-Canedo: *Los dioses en el Prado* (Madrid, 1931), *El teatro y sus enemigos* (México, 1939) y *La nueva poesía* (México, 1941), *Juan Ramón Jiménez en su obra*, como el propio autor lo explica en una nota inicial, fue originalmente un curso, esta vez impartido en la Facultad de Filosofía y Letras de la Universidad Nacional Autónoma de México en el invierno de 1943.

Preparar como libro el material del curso y revisar pruebas de imprenta fue lo último a que se dedicó Díez-Canedo, y así consta en el colofón de la primera y única —hasta ahora— edición de *Juan Ramón Jiménez en su obra*, que se acabó de imprimir el 6 de junio de 1944, el mismo día en que murió su autor.

Leer hoy un libro como éste, a más de 60 años de escrito, amerita conocer su historia y valorarlo desde otra perspectiva. Afortunadamente se conserva la correspondencia entre Juan Ramón Jiménez y Enrique Díez-Canedo, pues las cartas cuentan desde que surge la idea hasta la publicación de este breve y simbólico texto, y por ello resulta pertinente y consustancial publicar ambas cosas juntas. La lectura de las cartas, junto con la del libro, nos dejan ver aspectos concretos de la relación entre ambos y asomarnos al mundo que les tocó vivir. Por otro lado, incluyo las reseñas críticas aparecidas en aquellos años, que dan una perspectiva desde fuera y nos hablan acerca de la recepción de esta obra.

Con respecto a lo primero, se trata de una correspondencia que es ya centenaria, como bien observa Ramón Xirau. En ella se ve cómo ambos autores, prácticamente coetáneos (Díez-Canedo nació en 1879 y Jiménez en 1881), se conocen por carta cuando tenían menos de 30 años. Pronto se sienten identificados en sus gustos por la poesía y por el arte en general; Juan Ramón encuentra en la obra de Díez-Canedo "el sentido de la pintura y el de la música" (carta 3). Comentan sus respectivos proyectos de libros; intercambian información acerca de las editoriales en que éstos se van publicando y acerca de las vicisitudes en el trato con la

9

gente de editoriales y revistas; descubren autores nuevos. En las cartas aparecen nombres de escritores que sólo se han estudiado en fechas recientes, varios de ellos muertos prematuramente como Rafael Leyda, Fernando Fortún, José García Vela. También de autores que alcanzarían gran fama como Federico García Lorca (carta 62).

La mayor parte de las cartas de Juan Ramón aquí incluidas, hasta 1916, se encuentran en el tomo I de su *Epistolario,* editado por Alfonso Alegre y recientemente publicado por la Residencia de Estudiantes de Madrid.[1] Por tratarse de un epistolario de las cartas escritas por Juan Ramón Jiménez, no se incluyen las de sus corresponsales salvo cuando es necesario hacer alguna aclaración, y en notas a pie de página.

Con excepción de tres tarjetas de presentación de Jiménez, sin fecha, más bien recados donde éste anota una cita o agradece el envío de un libro, presento aquí la correspondencia completa entre los dos, es decir, en ambos sentidos, la cual comienza en 1907, y he decidido cerrar con una carta del 19 de julio de 1944, no de Enrique sino de Joaquín Díez-Canedo a Juan Ramón Jiménez escrita desde el Fondo de Cultura Económica, donde el primero le anuncia al que fuera amigo entrañable de su padre el envío de ejemplares del libro recién publicado.[2] Suman en total 85 cartas.

En una carta de principios de 1909, Díez-Canedo le dice a Juan Ramón que quiere escribir un estudio "completo y cuidado sobre su poesía" (carta 13). Este propósito es sostenido a través de los años, la guerra y las separaciones y se cumple con la publicación de *Juan Ramón Jiménez en su obra.*

Por su parte, Juan Ramón explica sus intenciones con cada uno de sus libros y le manda puntualmente a Díez-Canedo las primeras ediciones conforme salen publicadas. Éste le dice: "Yo tengo toda su obra, desde *Almas de violeta*" (carta 2). Recibe también el crítico algunos manuscritos de Juan Ramón, se ocupa de ir a las imprentas y de corre-

---

[1] Juan Ramón Jiménez, *Epistolario I, 1898-1916*, edición de Alfonso Alegre Heitzmann. Madrid: Publicaciones de la Residencia de Estudiantes, 2006.

[2] Joaquín Díez-Canedo era entonces jefe del Departamento Técnico del FCE donde se hacían los libros de El Colegio de México. El original de esta carta, se encuentra en la Sala Zenobia y Juan Ramón Jiménez de la Universidad de Puerto Rico.

gir pruebas de los poemas que aparecerán en las revistas donde él colabora; en una ocasión no lo puede hacer y éstos salen llenos de erratas (carta 10).

Posteriormente, en Madrid, trabajan juntos en los cuatro números de la revista *Índice* (1920-1921), donde también participa y colabora Alfonso Reyes. A estos años corresponden algunas de las cartas.

De temperamentos y vidas muy diferentes, Juan Ramón encerrado en sí mismo y concentrado en su obra, pendiente de lo que escriben los otros pero receloso del periodismo y de las reuniones; hace cambios, ordena y reordena sus poemas, crea secciones y numeraciones complicadas, en un afán perfeccionista y autocrítico hasta el punto de hacer de esto una lógica y una estética *sui generis;* Díez-Canedo presente en todo, atento a las novedades literarias y a los nuevos valores —cosa que comparte con Juan Ramón—, pero también metido de lleno en la crítica y el periodismo, atareado entre la docencia, conferencias y traducciones; esposo y padre de familia. En 1927 y en 1932 emprende dos viajes trasatlánticos a América como conferencista: Chile primero, y Nueva York-México después; en 1933 es nombrado embajador en Uruguay.

A diferencia de Juan Ramón, Díez-Canedo retocaba poco sus textos y no pudo dedicarse a ordenar su obra. Su escritura, limpia y depurada, medida a fuerza de traducir y de publicar a diario en periódicos y revistas, adquiere un estilo propio; él no vive preocupado por su obra ni le preocupa su trascendencia, no es aristocratizante en este aspecto, su perfil es más el de alguien que educa de manera constante prodigando sus opiniones sin rebuscamiento.

La etapa más nutrida, armoniosa e inspirada de esta correspondencia son los primeros años: 1907-1912. Es posible leer aquí importantes juicios poéticos de cada uno sobre los libros y poemas del otro, así como sobre sus respectivas traducciones de poesía. Vale la pena leer las cartas porque en ellas se encuentran los juicios de Juan Ramón de los primeros libros de Díez-Canedo (cartas 1, 3, 11, 23, 26, 28). Uno quisiera encontrar a Enrique Díez-Canedo en *Españoles de tres mundos* (1942); al no ser así, justo es leer lo que dicen estas cartas.

Es sabido que la vida en Madrid, en donde Juan Ramón se establece por segunda vez en 1912 (su primera estancia en esta ciudad fue desde el otoño de 1901 hasta principios de 1906),[3] no le cayó bien y esto lo llevó a un mayor encierro y al rechazo de ciertos medios, ambientes y personas.[4] De la falta de cartas desde 1922 hasta principios de 1934, cuando Díez-Canedo escribe desde Montevideo, puede inferirse que hubo un distanciamiento después de *Índice* aunque no hay mayores evidencias. Por el contrario, Díez-Canedo se alegra al notar un cambio favorable en la actitud de Juan Ramón cuando éste sale de España.

Juan Ramón y su mujer, Zenobia Camprubí, salieron de España poco después de estallar la guerra, el 22 de agosto de 1936. Díez-Canedo estaba entonces en Argentina como embajador y no regresó a España sino hasta febrero de 1937.

Mientras tanto, Juan Ramón y Zenobia habían llegado a Puerto Rico vía Nueva York en septiembre de 1936. En noviembre viajaron a La Habana, donde estuvieron tres años. A fines de 1939 se trasladaron a Florida; en 1942 de Florida a Washington y Maryland, donde vivieron, con algunas interrupciones, hasta 1951, en que regresaron a Puerto Rico donde Juan Ramón vivió hasta su muerte en 1958.[5] En estos años el contacto se mantiene principalmente gracias a las cartas de Zenobia a Teresa, la mujer de Enrique, en las que Juan Ramón escribe unas líneas al final, casi siempre a lápiz.

Durante el proceso de preparación del libro de Díez-Canedo sobre Juan Ramón Jiménez se reactivó el intercambio epistolar, ahora entre el poeta en vías de consagración y el crítico-académico: éste le pide al primero información sobre sus proyectos próximos o futuros y el poeta le escribe una "carta literaria", es decir, una carta de carácter público, la cual se incluye por primera vez en *Juan Ramón Jiménez en su obra,* dándole con esto una gran actualidad al libro. De toda la correspondencia entre ellos, estas dos cartas son las únicas escritas a máquina. Díez-Canedo pidió a alguien de su familia que pasara a máquina su carta porque se

---

[3] Alfonso Alegre, "Nota a la edición", en Juan Ramón Jiménez, *Epistolario I, 1898-1916,* p. LXXII.

[4] Véase Antonio Sánchez Barbudo, *La segunda época de Juan Ramón Jiménez (1916-1953).* Madrid: Gredos, 1962.

[5] Sigo en esta rápida descripción a Graciela Palau de Nemes en su "Introducción" al *Epistolario I* de Zenobia Camprubí, p. xxii.

sentía ya debilitado, y Juan Ramón contesta a máquina debido a "la censura" (carta 79).

No cierra el libro con esta carta "interesantísima" en palabras del crítico, sino con una importante reflexión suya que retoma lo dicho por Juan Ramón sobre Neruda, que da la exacta dimensión de lo que para el poeta de Moguer y andaluz universal significaba la perfección, relacionada con el acto de ordenar la obra, lo que según él —y en esto coincide con su crítico— era la vía civilizada para alcanzar una libertad "consciente".

Con el de Díez-Canedo, para 1944 se habían publicado cuatro libros de crítica "completos" —como escribe Zenobia— sobre Juan Ramón Jiménez: de Emma Nedderman, en alemán, *Die symbolistischen Stilelemente in Werke von Juan Ramón Jiménez* (Hamburgo, 1935); de Carlo Bo, en italiano *La poesía de Juan Ramón Jiménez* (Florencia: Edizioni di Rivoluzioni, 1941); de Gastón Figueira, *Juan Ramón Jiménez, poeta de lo inefable* (Montevideo, 1944).

En el Epistolario de Zenobia se menciona varias veces el libro de Carlo Bo, que a los dos (Juan Ramón y su mujer) les gustó mucho. En mayo de 1943 apareció traducido al español y publicado en la editorial Hispánica de Juan Guerrero.[6] Por una carta de Zenobia del 23 de mayo de 1944, sabemos que el día anterior habían recibido ejemplares de esta edición española.[7] Juan Ramón le mandó el libro a Díez-Canedo y usó las páginas preliminares —en blanco— para escribirle una carta (carta 82), muy afectuosa, donde le expresa su desacuerdo con el prólogo del libro, firmado por José María Alfaro. Esta edición es una muestra de las condiciones de publicación que existían en la España franquista para los escritores republicanos y la carta de Juan Ramón una protesta indignada. Juan Ramón se niega a aceptar la edición. Dibuja a lápiz unos grandes paréntesis que encierran el crédito al prologuista en la portada interior del libro y hace lo mismo en las páginas del prólogo, inaceptable para él, al final del cual escribe: "¡Un entrometido!"

[6] Carlo Bo, *La poesía de Juan Ramón Jiménez*, traducción de Isabel de Ambía, prólogo de José María Alfaro. Madrid: Editorial Hispánica, 1943. Es un libro de 104 pp. con una selección de poesías de Juan Ramón Jiménez hecha por Juan Guerrero Ruiz (pp. 107-172).

[7] Zenobia Camprubí, *Epistolario I*, carta 207, p. 399.

En una carta escrita desde Washington el 11 de septiembre de 1944, Zenobia le cuenta a Teresa que Juan Ramón ha sufrido una fuerte depresión que le ha hecho abandonar todos sus proyectos, que por esa razón no ha contestado las cartas y que lo último que escribió en el verano es "la página en prosa sobre Enrique".[8] En seguida leemos:

"[Juan Ramón] [r]ecibió los ejemplares del libro de Enrique y no es necesario decir nada sobre esto porque Uds. comprenderán bien cuanto él querría decir."

"En la última pared de Enrique Díez-Canedo"[9] es un bello recuerdo del amigo que acaba de morir. Escrito a solicitud de Francisco Giner de los Ríos para el segundo número de la revista *Litoral* en su etapa mexicana, su título hace alusión al poema "Capacidad de olvido" de Díez-Canedo.[10]

Sin haber encontrado hasta ahora algún testimonio escrito de Juan Ramón Jiménez después de conocer el libro que Díez-Canedo le dedicó, es a nosotros, lectores del siglo veintiuno, a quienes corresponde releerlo y sacar conclusiones. Para ello se reúnen en esta edición distintas clases de textos, además del texto principal: cartas —algunas de ellas inéditas—, dedicatorias con mensajes, cartas escritas en las páginas donde van las dedicatorias, y reseñas dispersas en revistas, que buscan darle a aquél un mayor contexto y mostrar su fondo humano.

Para complementar la presente edición y la historia de este libro y de su recepción, he localizado ocho reseñas críticas aparecidas poco después de su publicación, que son las siguientes:

En septiembre de 1944, de Xavier Villaurrutia en *El Hijo Pródigo;* en octubre de 1944, de Ermilo Abreu Gómez en *Letras de México;* en octubre de 1944, de José Antonio Portuondo en *La Gaceta del Caribe;* en octubre de 1944, de Eugenio Florit en la *Revista Hispánica Moderna;* en

---

[8] Carta inédita, archivo E. D.-C., México. Se refiere al texto "En la última pared de Enrique Díez-Canedo", publicado originalmente en el número especial de *Litoral* dedicado a la memoria de E. Díez-Canedo (México: agosto, 1944, pp. 22-23) y recogido en Juan Ramón Jiménez, *Estética y ética estética (crítica y complemento)*, selección, ordenación y prólogo de Francisco Garfias. Madrid: Aguilar, 1967, pp. 229-230.

[9] Véase Apéndice I.

[10] Primero publicado en la revista *Hora de España* (núm. XIII, Barcelona, 1938, pp. 31-32) y después en la *plaquette El desterrado* (México: Miguel N. Lira ed., 1940).

el número de octubre-diciembre de 1945, de Ferrán de Pol en la *Revista Filosofía y Letras;* en octubre de 1945, de Muna Lee en la revista *The Americas;* en 1947 en *Books Abroad* de la Universidad de Oklahoma; finalmente, en julio de 1955, de Esteban Salazar Chapela en la *Revista Mexicana de Cultura.*[11]

Por otro lado Guillermo de Torre, con quien Díez-Canedo había tenido una seria discrepancia en 1920 al criticar en *España* a la revista ultraísta *Reflector* y que ahora trabaja en la editorial Losada de Buenos Aires,[12] aprecia en un artículo sobre la estética de Jiménez el sentido crítico y los problemas de fondo que trata Díez-Canedo en su libro. Escribe De Torre:

> Que Juan Ramón Jiménez acierte o no siempre en los constantes retoques de sus poesías; que contrariando abiertamente las aprobaciones mayoritarias y minoritarias haya suprimido hasta libros enteros de su obra [...], ya en muchas antologías pudiera ser materia de litigio. Un crítico tan equilibrado y tan adicto al poeta como Enrique Díez-Canedo, en el libro *Juan Ramón Jiménez en su obra*, al llegar a este punto, no pudo menos de cambiar su tono aprobatorio y hasta apologético, por otro de reservas: "Así es la rosa. El arte consiste en saber cuándo no hay que tocarla más. A veces, una confrontación nos desconcierta, no obstante. El retoque, lejos de añadir exactitud a una poesía, la esfuma; en ocasiones llega a cambiarla por otra. Pero quizá el poeta esté en lo cierto y quien proteste en nosotros sea la inercia del sentido poético receptivo, tan rutinario como los sentidos corporales." (*Revista Nacional de Cultura* 70, Caracas, sept.-oct. 1948).[13]

---

[11] Véase Apéndice 2.

[12] En Losada se publicaron varios libros de Juan Ramón: *Españoles de tres mundos...* (1942), *La estación total...* (1946), la *Antología para niños y jóvenes* (1951) preparada por De Torre y Norah Borges, y también la segunda antología de poesía francesa traducida de Díez-Canedo: *La poesía francesa del romanticismo al superrealismo* (1946).

[13] Guillermo de Torre, "Juan Ramón Jiménez y su estética". Publicado como Apéndice 16 en Carlos García (ed.), *Correspondencia Juan Ramón Jiménez-Guillermo de Torre, 1920-1956.* Iberoamericana Vervuert, 2006, pp. 141-154, p. 148.

El texto de Guillermo de Torre sobre Juan Ramón Jiménez es también una defensa de la literatura. Critica la postura extrema de Jiménez que lo llevó a afirmar que "el poeta, en puridad, no debiera escribir", puesto que su mundo, lo inefable, "le condena al silencio" y ve en ello una concepción negativa de la literatura a la que se identifica con una idea igualmente reduccionista de la retórica. En esta defensa de la literatura, De Torre se apoya en Díez-Canedo: "Con muy parecidos términos acudía Enrique Díez-Canedo a deshacer el mismo sofisma al expresar que 'ese algo inefable… no es literatura ni es inefable, puesto que se expresa, aunque sea torpemente, y desde que se expresa con letras viene a entrar en el reino de la literatura.'" (id., p. 152)

Hay en De Torre una lectura más conocedora de las cuestiones relacionadas con una dimensión poética y estética que siempre preocuparon a Jiménez al igual que a Díez-Canedo, aunque en el caso del segundo estas ideas se encuentran dispersas en su obra crítica.

Al lado de estudios recientes, *Juan Ramón Jiménez en su obra* ha quedado como un libro circunscrito a su momento. Si bien el estilo de conversación de Díez-Canedo y su esfuerzo por ver desde distintos ángulos un tema concreto lo lleva en ocasiones a construir párrafos largos que requieren toda la atención del lector, su información es siempre precisa, basada en fuentes de primera mano. Fue escrito con las primeras ediciones y artículos ante los ojos, o recordando de memoria cosas escritas en otro momento. Ediciones y papeles "salvados", como dicen las cartas, difíciles de conseguir y que se habían vuelto rarezas debido a la irremediable pérdida de las cosas —entre ellas los libros— que trajo la guerra para estos españoles dispersados por el mundo.

Juan Ramón Jiménez en su obra contiene todos los elementos de la crítica juanramoniana posterior; su principal virtud es presentar un panorama amplio, propio de un historiador, y a la vez personal, conciso y con ejemplos claros y curiosos de las influencias, trayectoria, ediciones, fechas, poemas y variantes de un autor que entonces como ahora era un grande de la literatura del siglo XX escrita en español. Hoy parece más difícil que nunca escribir libros como éste.

Si la compenetración con el autor y la obra estudiados le permite a Díez-Canedo entender el sentido de unidad juanramoniano a la vez que la dura autocrítica y "arrepentimiento" permanente de este escritor frente a su obra, su visión comparada y amplia sitúa y valora a Jiménez en su propia evolución y en la literatura universal contemporánea desde sus raíces modernistas y la temprana influencia en él de poetas como Villaespesa, Darío, Rueda, Bécquer, principalmente. Muy interesante resulta el tema de las fuentes francesas de Jiménez, entre las que Díez-Canedo da prioridad a los simbolistas Moréas, Pierre Louÿs, Verlaine, Laforgue, Samain, por encima de los románticos como Victor Hugo. Díez-Canedo no puede dejar de mencionar a la traducción poética como un aspecto determinante en la formación de Jiménez, una práctica altamente valorada por el crítico y que compartía con el poeta. Menciona también el primero otras influencias como Rilke, John M. Synge entre los ingleses, y por último a Tagore, a los cuales también tradujo Jiménez. Por otro lado, habla de las "resonancias" de Jiménez en sus contemporáneos españoles como Jorge Guillén y Salinas.

Al mismo tiempo, en tanto crítico y lector, Díez-Canedo no puede dejar de señalar aspectos que se relacionan con la moderna teoría de la recepción: el tema del "público" es una constante en su crítica literaria y teatral.

El libro es, finalmente, una muestra de la gran admiración que siempre tuvo Díez-Canedo por Jiménez, un puente que parece tenderse para retomar y formalizar una visión construida a lo largo de una vida, un gesto fraternal y solidario. De esta manera se consolida una relación que empezó y terminó en cartas, las últimas escritas en América (cartas 77 a 84). Durante el tiempo de la guerra en España, sólo se vieron en Nueva York, cuando los Díez-Canedo desembarcaron en esta ciudad y puerto en su viaje con destino a México a fines de septiembre o principios de octubre de 1938.[14]

Este dato se encuentra también en una carta del 27 de junio de 1944 donde Zenobia le explica a Teresa que Juan Ramón está reeditando y

---

[14] "Por aquí han pasado, camino de la Universidad de México, Canedo y Gutiérrez Abascal [Juan de la Encina] con sus respectivas familias (Canedo, naturalmente, sin hijos, ni yerno porque están en edad militar)". Véase carta núm. 89 de Zenobia a Ginesa y Juan Guerrero del 24 de octubre de 1938, desde Nueva York, en Zenobia Camprubí, *Epistolario I*, pp. 154-155.

corrigiendo su obra y que le faltan algunos de sus libros. Dice algo más: "Juan Ramón me dice —escribe Zenobia— que cuando estuvimos los 4 juntos en New York, Enrique le dijo que había podido traer alguno de los libros de J.R".

Atendiendo a la solicitud de Zenobia en la carta antes citada, en 1946[15] le fue enviado al poeta desde México el ejemplar de Díez-Canedo de la primera edición de *Las hojas verdes* (1909), con su larga dedicatoria epistolar original,[16] el cual regresó a México unos años después con otra escrita a lápiz en la primera página, que dice:

Muchísimas gracias, Teresa, por haberme prestado este libro (que le devuelvo).

Bien querría dejar sólo de él las páginas de mis dedicatorias a Enrique; pero yo soy honrado y tengo que resignarme a la realidad.

De todos modos, gracias también por querer conservar estos dos libros míos,[17] ¡tan estúpidos!

J.R.

(W. [ilegible] LG.)

julio, 50.

AURORA DÍEZ-CANEDO F.
México, D.F., julio de 2007

[15] Carta de Joaquín Díez-Canedo a Juan Ramón Jiménez del 8 de mayo de 1946, inédita.

[16] Véase carta 13, n. 32 de la presente edición.

[17] El tomo encuadernado contiene dos libros: *Las hojas verdes* (1909) y *Baladas de primavera* (1910).

JUAN RAMÓN JIMÉNEZ
EN SU OBRA

Sobre la presente edición

Debido a que no es ésta una edición crítica, el texto se ha mantenido casi sin modificaciones; ante algunas dudas, he cotejado los versos con las ediciones originales, de donde fueron tomados, y hecho alguna anotación. Sólo hemos decidido meter un punto y aparte en un párrafo demasiado largo al principio del capítulo VII e incluir algunas notas (numeradas) a pie de página que documentan información contenida en el libro que el autor sólo menciona o recuerda y que hemos procurado precisar, relacionada con revistas de la época. Las notas a pie con asteriscos, son del autor.

Debido a las características del libro, se conserva la bibliografía tal cual la registró el autor, con una nota que explica por qué sólo aparecen los títulos (y no la ficha completa) de los libros de R. Tagore.

La materia de este libro fue tema de un cursillo de conferencias pronunciadas por el autor en la Facultad de Filosofía y Letras de la Universidad Nacional Autónoma de México, en enero y febrero de 1943; después quedó incorporada, con ampliaciones, a su curso ordinario, que en ese año versó acerca de la poesía moderna española. Imprímese ahora con nuevas aportaciones, aumentada con datos bibliográficos y enriquecida con alguna tan importante como una carta de Juan Ramón Jiménez acerca de sus trabajos actuales y nuevas orientaciones de su obra.

E.D.-C.

I
El modernismo en España

La escuela que en literatura se conoce con la denominación de "modernismo" tiene, como se sabe, por figura principal, a un gran poeta de América, a Rubén Darío. Quizá la palabra escuela no sea la más propia para calificar a las tendencias literarias que bajo aquella denominación se agruparon. El modernismo es más que una escuela: es una época; y su influjo sale del campo literario para ejercerse en todos los aspectos de la vida. Como escuela literaria, no ha encontrado su denominación; pero ha ido a dar con ese nombre, y de tal suerte se le ha pegado, que ya no es posible sustituirlo por otro.

"Modernismo" parece indicar, como fuente de inspiración, lo llamado moderno, es decir, algo transitorio, como insinuó humorísticamente un poeta festivo:

El *hoy*, que a cualquiera parece moderno,
pasado mañana será *antes de ayer*.

Y nada más alejado de lo moderno, es decir, de la vida de aquellos años en que la poesía comenzó a llamarse modernista, que las famosas princesas pálidas —aunque hubiese princesas efectivas y algunas pudieran lucir la más sugestiva palidez, como había cisnes que bogaban por los lagos con cierta unanimidad, o, por lo menos, sin que entre ellos surgiese voto particular ninguno—. La princesa y el cisne vinieron a ser símbolos del modernismo, y uno y otro, en la poesía de habla española, surgieron, como es archisabido también, con sus posturas definitivas, en insignes poemas de Rubén Darío, presentes aún en todas las memorias. No consta en nuestros anales la muerte de la princesa; del cisne se sabe que feneció, retorcido el pescuezo, a instancias de otro gran poeta: Enrique González Martínez.

Tal vez antes de andar por nuestro mundo esos símbolos se habían perfilado en los versos de una escuela extranjera, llamada, ésta sí con cierta razón, simbolista, de cuyas inspiraciones se alimentó el entusias-

mo juvenil de Rubén Darío, antes de que su genio le llevara a la plena
realización poética de su personalidad; pero dándole pie para la creación
de unas cuantas obras maestras, tan imperecederas como aquellas otras
más personales y definitivas.

Con Rubén Darío, y esto tiene gran importancia, se inicia la que,
aplicando un término de la historia de la arquitectura, he llamado ya en
otra ocasión "influencia de retorno", o sea un comienzo de influjo del
espíritu americano en el español, que hasta entonces había dejado de
sentir principalmente su peso sobre las letras de América: sobre todo en
lo que tiene tanto valor que casi se antepone a los otros, por lo menos en
el sentir general: en las formas literarias. He aquí que Rubén Darío influ-
ye, principalmente, en las formas. Las de la poesía española, después de
él, no son ya las mismas que eran.

Al lado de Rubén Darío, otros poetas americanos influyen también
sobre la poesía de España, en cuestiones de forma, desde aquellos comienzos del modernismo; pero influyen de una manera adjetiva, y no con esa
rotunda imposición que al genio de Rubén le estaba reservada. A su
genio y a su presencia; porque la presencia del poeta en España hizo lo
que tal vez a distancia no hubieran conseguido sus versos. Sin contar con
que su mismo paso por la antigua metrópoli pudo contribuir al pulimen-
to y brillo de ciertas facetas de su genio: otra "influencia de retorno".

Hablo, y he de seguir hablando aún, de Rubén Darío, en el comienzo de estas páginas, dedicadas al estudio de otro poeta, porque me parece indispensable la evocación del gran nicaragüense, a quien toda la
generación española que renueva el curso de aquella poesía considera
como maestro, y a quien ese mismo poeta español, Juan Ramón Jiménez,
que abre caminos tan diferentes de los suyos, debe algunos impulsos
iniciales. Por Rubén Darío ha de empezar, y va haciéndose ya costumbre
de que así sea, todo estudio de la poesía española y de su desarrollo en lo
que va de siglo.

Sabido es que Rubén Darío estuvo dos veces en España: más de dos
veces estuvo, pero dos de entre ellas, las primeras, tuvieron positiva
importancia. De la primera, en que fue como delegado a las fiestas del
cuarto centenario del descubrimiento de América, nos quedan solamente recuerdos: los de la *Autobiografía,* publicada en volumen, en Barcelona,

1915 (y antes en una revista dirigida por Darío en París);[1] no organizados, como los que primeramente hubo de reunir, acerca de la segunda, en el volumen titulado *España contemporánea* (París, 1901), fruto del viaje que realizó a la España de 1898, como enviado de *La Nación,* de Buenos Aires. En este libro, sin embargo, buena parte del panorama que traza entonces de las letras españolas corresponde al que pudo observar y conocer con motivo del primer arribo suyo al viejo país, aunque hable de modernismo y de modernistas, según hemos de ver más adelante.

En el primero, conoció, sin duda, a las personalidades más relevantes, y en particular a don Juan Valera y a los de su tertulia, entre ellos al poeta Salvador Rueda, que empezaba a distinguirse con fisonomía especial, y para quien escribió el famoso "Pórtico", publicado en 1892, al frente del libro *En tropel,* e incorporado más tarde a las *Prosas profanas,* con otros versos que dio entonces a varias revistas españolas, de las que recuerdo cierta *España y América* que se publicaba en Barcelona, del tipo de *Ilustración* entonces corriente, y en la que campeaba, con otras composiciones, la "Sinfonía en gris mayor" y los versos a Colón, "Desgraciado Almirante…", recogidos sólo en 1907. Otros versos y prosas de Darío aparecieron en *La Gran Vía,*[2] dirigida por Salvador Rueda, singularmente ciertas prosas de *Azul.*

Consideraba Darío a Campoamor, según el libro de 1901, como uno de los santos de quien era devoto:

Ahora es cuando hay que volver los ojos al viejo tesoro prodigado, aquella poesía tan elegante en sus sutiles arquitecturas y tan impregnada del amargor que el labio del artista siente al primer sorbo de vida.

Este elogio, y los demás en que se muestra pródigo, guardan, por lo menos, fidelidad al espíritu que le dictó aquella décima, escrita en Chile, cuando el poeta era muy joven, y no incorporada a su obra hasta *El canto errante* (1907):

[1] *Mundial Magazine.* París, mayo de 1911-abril de 1914.
[2] *La Gran Vía.* Madrid, 1893-1895. Revista semanal. Salvador Rueda fue su director de diciembre de 1894 a septiembre de 1895.

Este del cabello cano
como la piel del armiño
juntó su candor de niño
con su experiencia de anciano.
Cuando se tiene en la mano
un libro de tal varón
abeja es cada expresión,
que volando del papel
deja en los labios la miel
y pica en el corazón.

Algo perjudica a la espontaneidad de estos versos el pensar que fueron escritos para un concurso, con tema forzado; pero ello es que ponen a Darío en una relación con Campoamor, acentuada por ciertas influencias (aunque hablase luego, como se verá en seguida, de campoamorismo "lamentable"), como hay influencias de Zorrilla y de Núñez de Arce en sus versos juveniles, algo distantes de sus propios ideales poéticos, tal como los vemos en su obra de madurez. De Núñez de Arce habla con respeto; de Manuel del Palacio con simpatía. De Rueda, a quien descubre en su primer viaje, le aparta para siempre, en 1901, una expresión desgraciada. Dice:

Salvador Rueda, que inició su vida artística tan bellamente, padece hoy inexplicable decaimiento… cierto es que su obra no ha sido justamente apreciada, y que, fuera de las inquinas de los retardatarios, ha tenido que padecer las mordeduras de muchos de sus colegas jóvenes… Los últimos poemas de Rueda no han correspondido a las esperanzas de los que veían en él un elemento de renovación en la seca poesía castellana contemporánea. Volvió a la manera que antes abominara: quiso tal vez ser más accesible al público y por ello se despeñó en un lamentable campoamorismo de forma y en un indigente alegorismo de fondo. Yo, que soy su amigo y que le he criado poeta, tengo el derecho de hacer esta exposición de mi pensar.

Ninguna mordedura de colega, joven o no, hubo de doler más a Salvador Rueda que ese "yo… que le he criado poeta". Aunque tratara de explicarse después ese *criado* por errata en lugar de *creído* (menos conforme esta palabra con la expresión peculiar del poeta nicaragüense) el daño estaba hecho y no hubo reconciliación posible.

De otros poetas habla, con cierto desdén, Rubén Darío; de uno, por ejemplo: "Se nombra mucho —dice— a Ricardo Gil. He buscado sus obras, las he leído; no tengo que daros ninguna noticia nueva." Y, sin embargo, en Ricardo Gil, en Salvador Rueda, como en Manuel Reina y en otros más, inclusive en el más que maduro Eusebio Blasco, famoso entonces como cronista, estaban ya algunos de los gérmenes que con mayor potencia y total eficacia había de fecundar el genio del centroamericano. Estos gérmenes eran los de una libertad técnica que, por ejemplo, para Salvador Rueda, se cifraba en la inspiración de los metros populares o en construcciones menos espontáneas, ejemplificadas en su libro titulado *El ritmo* (1894), y para los demás en una orientación aproximada a los rumbos de la poesía francesa reciente, en temas y actitudes poéticas (parnasianos en Reina, disidentes del Parnaso en Eusebio Blasco y Ricardo Gil, etc.). Porque lo que había de llamarse modernismo, que yo no intentaré definir aquí una vez más, entre otras cosas porque una definición escueta es acaso imposible, se concreta, para Rubén Darío, en lo que implican estos párrafos de una de sus cartas españolas, fechada el 28 de noviembre de 1899:

> El formalismo tradicional por una parte, la concepción de una moral y de una estética especiales por otra, han arraigado el españolismo que, según Don Juan Valera, no puede arrancarse "ni a veinticinco tirones". Esto impide la influencia de todo soplo cosmopolita, como asimismo la expresión individual, la libertad, digámoslo con la palabra consagrada, el anarquismo en el arte, base de lo que constituye la evolución moderna o modernista.

Quedémonos, de este esquema, con dos expresiones: soplo cosmopolita, expresión individual. Ésta fue la gran lección que trajo a la poesía española Rubén Darío, explicando por qué razones había tenido América ese movimiento antes que España:

Por nuestro inmediato comercio material y espiritual con las distintas naciones del mundo, y principalmente porque existe en la nueva generación americana un inmenso deseo de progreso y un vivo entusiasmo, que constituye su potencialidad mayor, con lo cual poco a poco va triunfando de obstáculos tradicionales, murallas de indiferencia y océanos de mediocridad.

No cabe duda de que en estas palabras de Darío hay un fondo de verdad, envuelto en no poca literatura no ya modernista, sino de cierto sabor mohoso y añejo. Y agrega: "Orgullo tengo aquí de poder mostrar libros como los de Lugones o Jaimes Freyre, entre los poetas…", etc.

Jaimes Freyre, Lugones, Silva, y luego Casal, Gutiérrez Nájera y otros menores fueron leídos con avidez por los jóvenes, entre los cuales señala Darío en breve mención, en el grupo de los andaluces, junto a Díaz Escobar y Arturo Reyes, al "joven Villaespesa, bello talento en vísperas de un dichoso otoño". Aún no habla de Jiménez; sólo le menciona, simplemente, como conocido entonces en *La vida de Rubén Darío escrita por él mismo*, publicada en *Mundial* de París muchos años después. Francisco Villaespesa, a mi ver, marca las mayores posibilidades de penetración del espíritu y las formas americanas en la poesía española de entonces. Su obra vastísima, llena de repeticiones y tan difícil de reunir, ha hecho imposible hasta ahora el estudio meditado que se le debe. Pero si mi afirmación parece arriesgada, puede confrontarse con lo que uno de sus compañeros de las primeras horas, nuestro poeta Juan Ramón Jiménez, escribió años más tarde, en unas páginas publicadas en 1936:

> Villaespesa devoraba literatura hispanoamericana, prosa y verso. No sé de dónde sacaba los libros. Es verdad que mantenía correspondencia con "todos" los poetas y prosistas hispanoamericanos, modernistas o no, porque para él lo de hispanoamericano era ya una garantía. Libros que entonces reputábamos joyas misteriosas y que en realidad eran y son libros de valor, unos más y otros menos, los tenía él, sólo él: *Ritos* de Guillermo Valencia, *Castalia bárbara* de Ricardo Jaimes Freyre, *Cuentos de color* de Manuel Díaz Rodríguez, *Los cre-*

púsculos del jardín* de Leopoldo Lugones, *Perlas negras* de Amado Nervo…

Estos libros pasaban, probablemente, de mano en mano, hasta dar en las librerías de viejo. Así he comprado yo algunos de ellos. Jiménez dice: "Aquel primer libro de R.D., que F.V. y yo leíamos embriagados en aquel ejemplar único de Salvador Rueda…". Los libros de los poetas que se imprimían bajo el signo de Villaespesa, llevaban todos dedicatorias de simples poesías, o aun dedicaban el volumen entero, a escritores de América. En los primeros libros de Jiménez se ve un ejemplo de esto:

> Cuando recibí la edición —cuenta él, refiriéndose a la de sus libros iniciales— me encontré con que Villaespesa había dedicado "todos" mis poemas a sus amigos y correspondientes hispanoamericanos, portugueses o filipinos, o yo no sé de dónde, pues a muchos de ellos yo no los conocía mas que de oídas de Villaespesa. Mis dedicatorias eran sólo a personas, Rubén Darío, Reina, Rueda, Valle-Inclán, etc., a quienes yo conocía.

Villaespesa publicaba también, en sus revistas muertas a poco de nacer, por lo general, o en otras más difundidas, algunas de ellas de determinado cariz político, versos americanos, de autores hoy gloriosos, y a través de esas publicaciones se ejercieron influencias insospechadas. ¿Quién diría, por ejemplo, que un autor tan comedido y tradicional como el autor de "El ama", José Ma. Gabriel y Galán, había de imitar muy de cerca el "Nocturno" de Silva? De él son, sin embargo, estos versos titulados "Confidencia" (no incorporados, que yo sepa, a las obras de Gabriel y Galán como no sea en las ediciones más recientes, que desconozco):

> Tú no sabes,
> que en mis días de mortales desalientos pavorosos
> y en las horas tan vacías de mis noches solitarias,
> cuando el mundo me abandona,

---

* Quiere decir *Las montañas de oro. Los crepúsculos del jardín* es de 1905.

cuando duermen los que aman,
cuando sólo tengo enfrente los asaltos del hastío,
cuando el alma,
cuando el alma combate afligida
con el ansia de todas las ansias,
con el peso de todas las dudas,
con las sales de todas las lágrimas,
con el fuego de todas las fiebres,
con el hipo de todas las náuseas,
la impalpable vaga sombra femenina, misteriosa,
como nuncio de consuelos que los cielos me enviaran,
viene a verme con las alas extendidas,
viene a verme cual paloma enamorada,
y disipa en mi cerebro la pesada calentura
con el roce de las puntas de sus alas…
¡con el roce de las puntas
de sus alas nacaradas!

Estos ritmos, fundados en la repetición de un pie de pocas sílabas, en cuyo origen ha de verse el ejemplo de Salvador Rueda, cuya influencia tampoco está bien estudiada, fueron usados con profusión por los primeros poetas españoles del modernismo (recuérdese también "La página blanca", de Darío, en *Prosas profanas*, y alguna otra composición, aunque su sistema rítmico es muy otro), y, entre ellos, por nuestro Juan Ramón Jiménez, en varias poesías de *Ninfeas*, según veremos más adelante.

Claro está que entre todos esos libros los más solicitados eran, sin duda, los del propio Rubén Darío: *Azul, Prosas profanas, Los raros*. En una de las primeras cartas que escribió al maestro, Juan Ramón Jiménez le decía: "Quisiera que me dijese usted dónde podría encontrar *Los raros*; aquí en las librerías no lo tienen."* Ni *Los raros* ni la generalidad de los libros americanos se encontraban entonces en las librerías.** Y precisa-

* Alberto Ghiraldo, *El archivo de Rubén Darío*. Santiago de Chile, 1940.
** Quiero decir los libros de producción americana corriente. No hay que olvidar que la colección de Escritores Castellanos había impreso obras de Bello, José Eusebio

mente *Los raros*, como respondiendo a su nombre, era, en su rareza, una de las guías más preciosas, buscada con ahínco por todos. Cuando su autor, al reimprimirlo en Barcelona el año 1905, lo consideraba de nuevo, confesando algunas flaquezas en sus ídolos de antaño, profesaba que en él "restan la misma pasión de arte, el mismo reconocimiento de las jerarquías intelectuales, el mismo desdén de lo vulgar y la misma religión de belleza". Estas dotes perennes atraían a los que eran mozos a la sazón, y de los nombres leídos, acaso por primera vez, en sus páginas, saltaban a las fuentes originales. Allí se trataba de Edgar Allan Poe, de Paul Verlaine, de Villiers de l'Isle-Adam, de Léon Bloy, de Jean Moréas, de Lautréamont, de Ibsen, de José Martí, de Eugenio de Castro, de otras figuras menores. Sólo algunas de ellas empezaban a ser accesibles. A Ibsen le traducía *La España Moderna*[3] y le representaban, en sus jiras, los grandes actores italianos. De Poe, eran casi populares los cuentos. A Martí, sólo se le conocía entonces en su aspecto político: era un "cabecilla", un "insurrecto". Los más de aquellos "raros" eran franceses, y quizá sobre algunos de los que no lo eran llamó primeramente la atención de Rubén Darío la máxima revista francesa del tiempo, el *Mercure de France*. El paso era fácil de *Los raros* al *Mercure* (y a las otras revistas menores, *La Plume*, *L'Ermitage;* etc.). Los jóvenes de España hicieron pronto el tránsito y fueron a conocer por sí mismos aquello de que les hablaba Darío, secundado muy pronto por Enrique Gómez Carrillo, con sus *Letras extranjeras*, y más adelante con *El modernismo* (1905), y aun otros escritores americanos, con libros que son como afluentes de *Los raros;* por ejemplo, el uruguayo Víctor Pérez Petit, con *Los modernistas* (1902).

Nos daba también *Los raros* un índice de las lecturas recientes de Darío y un atisbo sobre sus afinidades espirituales. Acatando al maestro, encontrábanse sus caminos de formación, y muchos se lanzaban a explorarlos. De este modo la influencia de Rubén Darío llevaba a las letras de España no sólo un aliento de América, sino amplias perspectivas univer-

Caro y otros autores; que la Biblioteca Clásica había incluido entre sus traducciones las de Caro, Montes de Oca y otros; que la Academia había publicado su *Antología* en cuatro tomos y que Valera, Menéndez y Pelayo, Cañate, etc., y poco después Unamuno, en *La Lectura*, habían estudiado a ciertos autores.

[3] *La España Moderna*. Madrid, 1889-1914. Revista mensual.

sales; porque es de notar que la literatura francesa que más afluía sobre él estaba impregnada de un internacionalismo ignorado por las revistas que, en períodos anteriores, llevaron la dirección del espíritu francés. Si la *Revue des Deux Mondes* se asomaba, por ejemplo, a la literatura inglesa, en un espíritu conservador, el *Mercure de France* daba entrada, en sus crónicas y reseñas, y aun en sus páginas principales, a las letras de todos los países, y ello en un tono de franca novedad revolucionaria. Los críticos españoles de antaño eran fieles de la *Revue des Deux Mondes,* doña Emilia Pardo Bazán, el mismo Clarín; la generación nueva hizo del *Mercure* su guía predilecta, y entró por esa puerta en el espíritu de sus tiempos. ¿Se hubiera llegado a esto sin Rubén Darío? Tan absurda sería hoy la afirmativa como la negativa. El hecho, el hecho histórico, es éste: la presencia del autor de *Prosas profanas* en la España de 1898 fue decisiva para la marcha de las letras españolas.

Vivían aún, en la mayor parte, los hombres que en 1892 constituían el severo parnaso, en su gloria madrileña o provinciana, en sus sillones de la Academia o en las direcciones de los periódicos; pero aquella generación había pasado por el más rudo golpe. Había visto desaparecer los últimos restos del imperio hispano, y, sobreviviéndole, se sobrevivía. Empezaban a sonar otros nombres, los de una nueva generación que llegaba a punto de madurez, con ideales muy distintos, como crecida en una atmósfera extraña a aquella confianza antigua, mecida en sus sitiales por el canto de unos fantasmas que, prontos a desvanecerse, aún concertaban notas de orgullo y no creían inmediato el instante del anochecer en aquellos dominios, gracias a los cuales, para España, "no se ponía el sol". Los hombres nuevos entraban en la vida pública con perspectivas de humillación y pobreza. Investigaban las causas de la gran catástrofe, y, muchos de ellos, se entregaban a la desesperación, renegaban de un pasado engañoso y sentíanse atraídos por la más risueña Europa, harto ajena también ella entonces a las pavorosas tormentas que sólo tardarían unos años en descargar sus ímpetus. Eran los de aquella que se llamó "generación del 98", concretando la denominación a un grupo reducido que habría de superar la primera tormenta para sucumbir ante la segunda acometida que, apenas pasada la primera, empezó a incubarse; para sucumbir en plena gloria o en triste renunciamiento, pero realizada ya del todo su obra, la que le da carácter y se lo imprime a toda una época de la literatura hispana.

Háblase, cuando se trata de la generación del 98, de unos cuantos autores, novelistas, filósofos, "ensayistas" (entonces comienza a usarse el término), que en revistas y diarios empiezan a dar muestras de su genio o de su ingenio; en los mismos lugares, y más aún, en las revistas de corta tirada y vida breve, al lado de ellos, surge una pléyade de poetas que reciben de Darío y de su poesía, nueva en el sentimiento y en la técnica, el impulso inicial. Juntos con los primeros entran en el combate y contra ellos, o mejor, contra sus tanteos y exageraciones, se dirigen los denuestos y las burlas de la rutina: barajando palabras en que entran nombres de escuelas efímeras y alusiones rastreras, se les llama, además de "modernistas", decadentes, delicuescentes, estetas. El vocablo "esteta" casi se convierte, por lo menos en el ánimo de los que lo esgrimen torcidamente, en verdadero insulto. Pero las aguas no tardan mucho en apaciguarse. Desde las pequeñas revistas del 98, los más fuertes conquistan pronto los baluartes más firmes. Los libros de la nueva generación se abren paso, entre ellos los de los poetas. Los versos de Unamuno no se recogen hasta 1907; los de Valle-Inclán aparecen el mismo año, recién escritos; pero Villaespesa y Marquina desde antes de 1900, Manuel Machado desde 1902, Antonio Machado desde 1903, año asimismo de *La paz del sendero*, de Pérez de Ayala, entran ya en los estantes a que se incorpora, resplandeciente, impreso en Madrid, en 1905, el nuevo libro de Rubén, los *Cantos de vida y esperanza*. ¿Quién vuelve a hablar de decadentismo?

No todos estos poetas merecían tampoco la denominación de modernistas. A Unamuno, por supuesto, nadie se la hubiese aplicado. Su concepto de la poesía es muy distinto. Él no acaricia la palabra, buscándole visos, graduando matices, dándole valor en sí; la rompe, para sacarle de las entrañas la idea. Su música es también otra. Recordaría la de la métrica clásica, si no fuese por la misma violencia que le gusta hacer a los ritmos, como si trabajara siempre con materia dura. Tampoco es modernista Eduardo Marquina, que llega de otras fuentes. Compañero de la nueva generación catalana, diríase que tiene aquel acento; y cuando, por el camino del teatro, vuelve en cierto modo, en cierto modo nada más, a la versificación corriente desde la escena romántica, se le ve empeñado en adaptarse a sus maneras, no lográndolo siempre; sin lograrlo, ésta es la verdad, en sus mejores momentos. En cambio, Villaespesa y los Machado, Pérez de Ayala y Juan Ramón Jiménez, encarnan en aquellos comienzos de siglo lo que se daba en llamar "modernismo", acompañados por una cohorte de poetas menores, muchos hoy del todo olvidados, y no siempre con justicia. Si cierta antología que apareció en 1906, no diré ordenada, sino acopiada por Emilio Carrère, *La corte de los poetas*, fuese lo que pretendía ser, y no un cúmulo informe de versos buenos y malos de los poetas de España y América, tendríamos en ella un texto útil para reparar olvidos y atisbar direcciones. Pero también éste es trabajo que está por hacer. Todos los poetas llamados "modernistas" sobreviven al modernismo, que es sólo un tránsito: para los mejores, el comienzo de una liberación que los lleva enseguida por los caminos propios.

Así ocurre con Juan Ramón Jiménez. Éste escribe, en 1936: "En realidad, mi relación con Villaespesa había terminado, 1902, con mi modernismo."

II
J. R. J. en sus comienzos

Duró, pues, el modernismo de nuestro poeta, según su cómputo, apenas tres años, si se cuentan dentro de él los primeros versos publicados en revistas y los tres libros iniciales, *Almas de violeta* y *Ninfeas*, ambos de 1900, y las *Rimas*, de 1902. Para mí, aún dura menos. Porque en algunos de esos versos primerísimos se apunta ya la propia, señera y decisiva personalidad del poeta, en su primera fase, que llega hasta 1915.

En realidad su verdadero libro modernista es *Ninfeas*, que lleva el conocido "atrio", de Rubén Darío:

> ¿Tienes, joven amigo, ceñida la coraza...

Ninfeas y *Almas de violeta* se publicaron casi al mismo tiempo, impresos por cierta Tipografía Moderna, de Madrid, en donde se imprimió también, como volumen de una Colección Lux, de la que *Ninfeas* es tomo II y extraordinario, según reza la portada, el libro de Villaespesa titulado *La copa del rey de Thule*. Frente al desaforado modernismo de éste, los dos tomos de Jiménez apenas tienen de modernistas más que el ir impresos en tinta verde el uno, morada el otro, fantasía que Villaespesa no se permitió con su libro. Jiménez, en una carta que también publica, en extracto, el compilador de *El archivo de Rubén Darío*, fechándola mal, porque la sitúa en 1902 o 1903, le dice:

> Por este mismo correo, y en paquete certificado, remito a usted mi libro *Ninfeas*; las últimas poesías van aún en primeras pruebas; no he querido esperar más, pues se va prolongando mucho la salida de mis libros... Ahora me atrevería a rogarle que me hiciera el prólogo, lo más brevemente posible; si no tiene tiempo, hágalo corto, o en verso, o como crea más fácil y pronto, evitándose molestias; pero no deje de hacerlo, que colmará de ese modo mi ilusión de muchos días. En la imprenta está suspendida la tirada del libro, esperando el prólogo, para imprimir las primeras páginas y el índice, arreglándose a la cantidad de cuartillas que usted me remita.

Habla de otros libros en proyecto: *Besos de oro*, dividido en dos partes, "Bruma" y "Luz"; y *El poema de las canciones*, en que se habían de incluir dos canciones de *Ninfeas*. Desde estos primeros pasos, va Juan Ramón Jiménez esbozando proyectos que no siempre se realizan, sin duda porque su espíritu exigente le fuerza a variar de continuo, en anhelo de perfección.

Sería engañoso considerar los versos de *Ninfeas* y *Almas de violeta* como los primeros de Jiménez. Sabemos que envió colaboración a revistas de Sevilla, Barcelona y Madrid, y hemos conservado copia de los versos suyos publicados en *Vida Nueva*, de Madrid, en 1899 y 1900. Sólo unas cuantas poesías pasan a sus libros iniciales, por ejemplo, "Las amantes del miserable", que vio la luz en el número 78 del año 2º, 3 de diciembre de 1899. Otras no se han vuelto a imprimir, y son, en verdad, muestras de principiante y aun versos de ocasión: así unas estrofas "En la muerte de Castelar" (nº 52, año 2º, 4 de junio de 1899). Hay también unas traducciones de Ibsen, cuatro poesías, tomadas de una versión francesa, como se advierte por algún descuido del poeta-traductor. Otra poesía, "A un día feliz" (nº 85, año 3º, 21 de enero de 1900), se dice "del libro en preparación *Nubes*". *Nubes* parece ser el título que habían de llevar los versos que después formaron los dos libros de iniciación. La revista hizo una especie de presentación del poeta diciendo, más conforme con su ideología rebelde que atenta a la íntima personalidad del poeta presentado:

> Llora las tristezas de los menesterosos, de los explotados, de los perseguidos y los humildes, no con lamentos femeninos, sino con impulsos de arrebatada ira, cerrando el puño y alzándolo amenazador al cielo, de donde no nos ha venido ni vendrá nunca la justicia.

Se refiere principalmente a "Las amantes del miserable", poesía que podrá darnos idea de aquella etapa juvenil; su métrica se funda, en esa y en otras composiciones, en la repetición irregular de un grupo rítmico constante, aquí tetrasilábico, que pronto había de abandonar:

> ...Hace un frío tan horrible,
> que hasta el cielo se ha vestido con su veste más compacta...;

cae la nieve en incesante lagrimeo,
como llanto sin consuelo de algún alma dolorida;
de algún alma que en los aires
vaga triste, sin hallar dulce reposo;
de algún alma que no quiere desligarse de la Tierra
donde viven sus amores más sagrados,
y le envía su recuerdo
en los copos blanquecinos de la nieve;
su recuerdo que entreteje una hermosísima guirnalda
de suspiros, de blasfemias y de besos moribundos...

(Ninfeas, p. 63)

Este modernismo, entretejido de notas lúgubres y sensuales, es el que predomina en *Ninfeas*. *Almas de violeta*, en cambio, insiste en la nota más sencilla, más íntima, precursora de los primeros versos enteramente personales de Jiménez, de las *Arias tristes* y otras colecciones similares: así esta impresión, titulada "Azul":

Ya estoy alegre y tranquilo;
¡sé que mi virgen me adora!
¡Ya en el rosal de mi alma
abrieron las blancas rosas!

Fuera, en el mundo, hace frío;
el otoño triste llora...
Mas... ¿qué me importa que caigan
de los árboles las hojas...?

(Almas de violeta, p. 23)

La dedicatoria no lleva un nombre de amigo español o poeta sudamericano. Dice, tan sólo: "Para mi Alma". (El uso de la preposición *para*, en vez de *a*, en las abundantes dedicatorias, es característico de estos momentos.) *dedicatorias*

Juan Ramón Jiménez no ha querido acordarse de la mayoría de estos versos. En sus dos grandes antologías, de que a su tiempo se hablará, la de la Sociedad Hispánica y la de la Colección Universal, agrupando, con el título de *Anunciación*, unos versos, que fecha entre 1898 y 1900, sólo encuentran gracia ante él, a costa de algunas correcciones de pormenor, los de la poesía "Paisaje del corazón", de *Ninfeas*, con dedicatoria, en el viejo libro, a Francisco A. de Icaza, que desaparece, por cierto, en *Rimas*, transfiriéndose a otra composición. Las otras poesías menores no se hallan en esos libros y algunas han sido evidentemente corregidas de acuerdo con las nuevas maneras del autor. Así, por ejemplo, la señalada con el número 5, titulada "¡Adiós!":

> Primero, ¡con qué fuerza
> las manos verdaderas!

> —La verja se ha cerrado.
> Se cruzan solitarios
> el corazón y el campo—.

> ¡Con qué porfía, luego,
> las manos del recuerdo!

En nada se parece esta composición a las que conocemos de fuente primitiva. En cambio, diríase arrancada de uno de los libros publicados después de 1917. A otra de estas composiciones:

> —¿Sabremos nosotros, vivos,
> ir adonde está ella?

> —…Pero ella sabrá venir
> a nosotros, muerta.

nos la volvemos a encontrar en *Canción* (1935), aumentada en tres versos y provista de un título: "El pasaje".

> —¿Sabremos nosotros vivos
> ir donde está ella?

> (¡Qué cruce subterráneo,
> qué aéreo tropezar
> de belleza y de pena!)

—...Pero ella sabrá venir
a nosotros muerta.

Estos cambios, que sin duda tienen su razón, no estorban para conocer, en la poesía de Juan Ramón Jiménez, los momentos de inspiración de que toma vida, y nos dicen ya que no es en un momento solo, sino en momentos diferentes, complementarios de la emoción primera. El procedimiento mejor, será, pues, acudir a las fuentes originales y anotar nuestras reacciones ante su aparición sucesiva.

El tercer libro que sale a las librerías lleva ya un simple título, *Rimas* (1902). Su impresión es sencilla también. Colecciona versos de los dos anteriores, con otros nuevos. Algunos proceden, sin duda, de los anunciados *Besos de oro*. Han desaparecido los alardes de modernismo. Va predominando el romance de marcada entonación lírica e íntimo sentimiento. Abundan los temas infantiles. La *Segunda antolojía poética* (1920) recoge algunos de estos versos, con las inevitables correcciones. En la poesía "Recuerdos", de las *Rimas*, se introducen algunas. La que cambia el verso *en la inmundicia lóbrega del lago* por este otro: *en la verdina lóbrega del lago* es, acaso, feliz; pero el final, *un ruiseñor despierto / lanzó un dulce quejido epitalámico*, ¿gana mucho al convertirse de "epitalámico" en "desgarrado"? Lo que sí gana, aunque pierda sencillez, es el título general de los versos de esta etapa, que ya no es "Rimas", sino "Rimas de sombra".

III
Primera plenitud

Hay muchas notas autobiográficas de Juan Ramón Jiménez dispersas en sus escritos. La más explícita acaso sea la que publicó, juntamente con unas poesías de sus libros próximos a imprimirse, en un número de la revista *Renacimiento*, dirigida por Gregorio Martínez Sierra, dedicado a los poetas, que le dieron algunas primicias para llenar sus páginas, acompañándolas con apuntes de biografía y de crítica: primer esbozo de una antología del tiempo, en que entran también autores americanos —Darío, Icaza, Nervo, Chocano— y poetas catalanes, en su propio idioma.[1]

Me decido a transcribir entera aquella nota autobiográfica, porque no sé que se haya reimpreso, y ya es difícil de hallar aquella revista:

Habla el poeta:

Nací en Moguer —Andalucía— la noche de Navidad de 1881. Mi padre era castellano y tenía los ojos azules; mi madre es andaluza y tiene los ojos negros.— La blanca maravilla de mi pueblo guardó mi infancia en una casa vieja de grandes salones y verdes patios. De estos dulces años recuerdo bien que jugaba muy poco y que era gran amigo de la soledad; las solemnidades, las visitas, las iglesias me daban miedo. Mi mayor placer era hacer campitos y pasearme en el jardín, por las tardes, cuando volvía de la escuela y el cielo estaba rosa y lleno de aviones.— Los once años entraron, de luto, en el colegio que tienen los jesuitas en el Puerto de Santa María; fui tristón, porque ya dejaba atrás algún sentimentalismo: la ventana por donde veía llover sobre el jardín, mi bosque, el sol poniente de mi calle. El colegio estaba sobre el mar y rodeado de grandes

---

[1] *Renacimiento*, núm. VIII, octubre de 1907. Se incluyen notas autobiográficas, generalmente bajo el título de "Habla el poeta", de los siguientes autores: Rubén Darío (395-397); Enrique Díez-Canedo (403-404); Andrés González Blanco ("Autognosis o conocimiento de mí mismo", 410-413); Juan Ramón Jiménez (422-426); Eduardo Marquina (446-448); Gregorio Martínez Sierra (458-459); Amado Nervo (467-469); Pedro de Répide (484-485); Salvador Rueda ("Epístola íntima", 490-495); José Santos Chocano (496); Miguel de Unamuno (501-502); Antonio de Zayas (516-517).

parques; cerca de mi dormitorio había una ventana que daba a la playa y por donde, las noches de primavera, se veía el cielo profundo y dormido sobre el agua, y Cádiz, a lo lejos, con la luz triste de su faro.— Al salir del colegio, hubo algo feliz en mi vida: es que el Amor aparece en mi camino. Sevilla me tuvo, entonces, algún tiempo, pintando en los estudios de sus pintores coloristas y fandangueros; Guadalquivir lloró mis primeros versos, que vieron la luz en periódicos hispalenses; me creé una pequeña reputación; me llamaban *verdadero poeta;* escribieron sobre mí hombres líricos de Alcalá de Guadaira y de Camas; publicaron mi retrato en un extraordinario de un periódico, y en el artículo encomiástico decía el director que mi inspiración brillaba con luz propia… Mientras tanto, yo pasaba las noches escribiendo y gastaba todo mi dinero en libros; y en la campiña —durante el verano— leía nerviosamente letras románticas: Lamartine, Bécquer, Byron, Espronceda, Heine.— El curso preparatorio de Derecho —que yo estudiaba a la sazón— no me robaba muchos minutos, y como me suspendieran en "Historia crítica de España", decidí terminantemente abandonar la carrera. Los médicos aconsejaron a mi madre que no me permitiera trabajar; estuve muy pálido, caí al suelo varias veces, sin conocimiento. Pero yo era un poco optimista en aquel tiempo feliz y no hacía gran caso de la ciencia… ni de la muerte.— Por aquellos días se publicaba en Madrid un semanario —*Vida Nueva*— que acogió cariñosamente a la juventud. Un día mandé a *Vida Nueva* mi más linda poesía, un macabro "Nocturno"; antes de una semana vi publicada la composición, que fue reproducida por varios periódicos familiares, y de la cual estoy horrorizado. A partir de este día fueron versos (!) míos en casi todos los números de *Vida Nueva;* publiqué unas traducciones de Ibsen, que fueron celebradas; Dionisio Pérez dio mi retrato con "Las amantes del miserable", poesía anarquista —así tocaba— que mis mejores amigos aprendieron de memoria y que yo quisiera poder olvidar. Recibí cartas de escritores jóvenes que me invitaban a venir a Madrid y a publicar un libro de versos. Mi adolescencia cayó en la tentación… y vine a Madrid, por primera vez, en abril del año 1900, con mis dieciocho años y una honda melancolía de primavera. Yo traía muchos versos y mis amigos me indicaron la conveniencia de publicarlos en dos libros de diferente tono; Valle-Inclán me dio el título —*Ninfeas*— para uno, y

Rubén Darío para el otro, *Almas de violeta*, y Francisco Villaespesa, mi amigo inseparable de entonces, me escribió unas prosas simbólicas para que fuéramos juntos, como hermanos, en unas páginas sentimentales atadas con violetas. Aparecieron los dos libros, simultáneamente, en septiembre del mismo año. Jamás se ha escrito, ni se han dicho más grandes horrores contra un poeta; gritaron los maestros de escuela, gritaron los carreteros de la prensa. Yo leí y oí todo sonriendo. Y pienso que, entre tanta frondosidad y tanta inexperiencia, lo mejor, lo más puro, y lo más inefable de mi alma, está, tal vez, en esos dos primeros libros.— Mientras, me sentí muy enfermo y tuve que volver a mi casa; la muerte de mi padre inundó mi alma de una preocupación sombría; de pronto, una noche, sentí que me ahogaba y caí al suelo; este ataque se repitió en los siguientes días; tuve un profundo temor a una muerte repentina; sólo me tranquilizaba la presencia de un médico —¡qué paradoja!—. Me llené de un misticismo inquieto y avasallador; fui a las procesiones, rompí todo un libro —*Besos de oro*— de versos profanos (?); y me llevaron al sanatorio de Castel d'Andorte en Le Bouscat, Bordeaux. Allí, en un jardín, escribí *Rimas*, que publiqué en Madrid el año siguiente. Era el libro de mis veinte años.— A fines del año 1901, sentí nostalgia de España; y después de un otoño en Arcachón, me vine a Madrid, al Sanatorio del Rosario, blanco y azul de hermanas de la caridad bien ordenada. En este ambiente de convento y jardín he pasado dos de los mejores años de mi vida. Algún amor romántico, de una sensualidad religiosa, una paz de claustro, olor a incienso y a flores, una ventana sobre el jardín, una terraza con rosales para las noches de luna… *Arias tristes*. Una larga estancia en las montañas de Guadarrama me trae las *Pastorales*; después viene un otoño galante —azul y oro— que da motivo a un *Diario íntimo* y a muchos *Jardines lejanos*. Este es un periodo en que la música llena la mayor parte de mi vida. Publico *Jardines lejanos* —febrero de 1905— y pienso *Palabras románticas* y *Olvidanzas*.— La ruina de mi casa acentúa nuevamente mi enfermedad y es una época lamentable en que no trabajo nada; la preocupación de la muerte me lleva de las casas de socorro a las de los médicos, de las clínicas al laboratorio. Frío, cansancio, inclinación al suicidio. Y otra vez el campo me envuelve con su primavera: *Baladas de primavera*.— Ahora, esta vida de soledad y de meditación, entre el pueblo y el campo, con el rosal de plata de la experiencia en flor, la indiferencia más absoluta para la vida y el único alimento de la belleza para el corazón. *Elegías*. (*Renacimiento*, núm. VIII, pp. 422-426.)

Prescindo de la "bibliografía" que sigue, bibliografía de proyectos, la mayor parte realizada, y dejo para más adelante la "autocrítica", con que se cierra la presentación que el autor hace de sí mismo, antes de elegir entre sus originales inéditos unas cuantas composiciones, que le representan ya plenamente: quiero decir, en su primera plenitud.

Ésta se alcanza desde *Arias tristes*, libro publicado en 1903, con un sencillo primor tipográfico que ha de distinguir a todos los de Juan Ramón Jiménez, y no sólo a éstos, sino también a otros, a través de las publicaciones del escritor inglés Leonardo Williams, que se hizo editor en Madrid y publicó en su patria y en su lengua libros de arte, historia y turismo acerca de España; cuéntase entre aquellas publicaciones la de *Tierras solares* de Rubén Darío (1904), con un gusto que se comunica a los primeros tomos de la casa editorial Renacimiento, que cambian el tipo corriente del libro español. Aunque al frente de ambas empresas figura Gregorio Martínez Sierra, con quien mantiene Juan Ramón Jiménez cordial amistad, creo que el gusto del poeta es el que predomina. Así, más tarde, en las de la Biblioteca Calleja.

Juan Ramón Jiménez, entre las tristezas de su vida juvenil, bien declaradas por él en su autobiografía, va engarzando en su obra libro tras libro, escritos en soledad y lanzados al público en el que, poco a poco, van encontrando eco. Los gritos y horrores a que el poeta se refiere, no pudieron más que la devoción de otros muchos —¿de quién? de lo que luego había de llamar él mismo "la inmensa minoría"; y a la que tantas veces ha dedicado, más adelante, lo más florido de su producción—. Creo que pudo ser un titulillo entre paréntesis, antepuesto a una de sus composiciones más bien como epígrafe "(El poeta ha muerto)"* lo que, mal interpretado, hizo creer a algunos que, en efecto, el poeta había salido de esta vida. Recuerdo un comentario de Ramiro de Maeztu, acaso en *La Correspondencia de España*, en que, a propósito de la supuesta

---

* *Pastorales,* p. 129, XXII, "El sol dorará las hojas…".

muerte del poeta, se hablaba de los males de la literatura. Y aun creo recordar que en la *Revista Moderna*, de México, salió a luz cierta necrología, amén de una cruz ante el nombre del poeta, en una nota bibliográfica reproducida en uno de sus números.

Desde luego *Arias tristes* dejaba la impresión de una tristeza desolada. Y nadie mejor que Darío, antes de que José Enrique Rodó hablara, a propósito también de Juan Ramón Jiménez, de la "Andalucía recóndita", en unas páginas que entraron en *El mirador de Próspero*, supo señalar en "La tristeza andaluza", que forma parte de *Tierras solares,* el carácter peculiar de esta poesía.

> Veo —escribía— a través de esta poesía de sinceridad y de reserva, a un tiempo mismo, la transparencia de un espíritu fino como un diamante y deliciosamente sensitivo. He aquí un lírico de la familia de Heine, de la familia de Verlaine, y que permanece, no solamente español, sino andaluz, andaluz de la triste Andalucía…

Y más adelante:

> En todo el libro de Jiménez hay una, diríase, sonrisa psíquica, llena de la suavidad melancólica que da el anhelo de lo imposible, antigua enfermedad de soñador. Los que hablan de un arte enfermo, juzgo que se equivocan. No hay arte enfermo, hay artistas enfermos… No seas alegre —le dice—, poeta, que naciste absolutamente amado de la tristeza, por tu tierra, por la morena y amadora y triste Andalucía; y porque tu sino te ha puesto al nacer un rayo lunático y visionario dentro del cerebro.

Pero acaba, casi profetizando: "Quizá pronto, la nueva aurora pondrá un poco de su color de rosa en esa flor de poesía nostálgica".

Con *Arias tristes* empieza la parte de su obra que el autor considera definitiva. Definitiva, pero no intangible para su labor vigilante. Tanto este libro como los que le siguen, al ser considerados de nuevo por el poeta para su reimpresión parcial en las antologías de que luego hablaré con detenimiento, los somete a correcciones. El lector apasionado, que

nota autobiogr EDC

tal vez las tenía fijas en su memoria, no deja de experimentar alguna decepción. Así por ejemplo, hay una composición de *Arias tristes*, la primera de la segunda parte del libro, "Nocturnos", compuesta de cinco estrofas y muy conocida:

Yo me moriré, y la noche…

(p. 101)

Pues bien: reimpresa en las antologías, cambia mucho de carácter. Comparemos las dos versiones: El primitivo *Yo me moriré…* se ha convertido en *Yo no volveré; mi cuerpo estará amarillo…* en *mi cuerpo no estará allí…; quien solloce / cerca de mi negra caja…* en *quien solloce / por mi doble ausencia larga;* esto en la primera antología; en la segunda: *No sé si habrá quien me aguarde — de mi doble ausencia larga…; o quien me dé un largo beso…* en *o quien bese mi recuerdo…* Corregida así, la poesía se aleja, gana en vaguedad y perspectiva; pierde, en cambio, la concreta evocación de la muerte, que en la primera redacción se unía al superviviente sentimiento de nostalgia.

No será tal vez ajeno al tono íntimo del libro esta lejanía, esta vaguedad, que casan con las evocaciones musicales, puestas al frente de cada una de las partes del libro con la notación de un lied de Schubert. Porque así son las *Arias tristes*: cantos, sobre un fondo de paisaje y una sugestión de música lejana. Romances, casi todos, con alguna composición en que el consonante, como dice el poeta, tiene "algo" de asonante y alguna otra en verso de diez sílabas, modelado sin esa rotundidad que lo llevó a las letras de los himnos nacionales, sino con suma delicadeza:

Para dar un alivio a estas penas…

(p. 115)

No queda muy lejos la entonación de estas *Arias* del canto popular andaluz, que en sus vibraciones más íntimas —empleemos el adjetivo adecuado—, más hondas, parece latir en lo profundo de esta inspiración, clarificada por un sentimiento filtrado a través de una mente despierta en que lo espontáneo no tiene absoluto dominio. Las mismas correcciones, al cabo de los años, refuerzan este sentir. La poesía de Jiménez desconfía de lo fácil. La facilidad, como subrayaremos con palabras suyas en el momento oportuno, es uno de los mayores riesgos para el poeta. Lo popular es la materia. El arte es lo que logra darle la forma permanente. No ofrece menores resistencias la palabra, la rima, el ritmo, de la que puedan ofrecer el mármol, el metal, los colores. El esfuerzo ha de existir, pero debe quedarse dentro. Sólo importa el resultado, la obra hecha, perfecta, que no haga pensar en el trabajo exigido, sino que se imponga por la belleza realizada.

En las *Arias tristes* el empeño parece haber consistido en la simplificación. Nada, a primera vista, más simple que uno de estos romances en que el metro de la épica popular se acomoda a la lírica como si hubiera nacido para ella y como si no tuviese más antepasados que esos raros romancillos líricos cuya gracia y frescura alivia la férrea contextura del metro heróico. Sin embargo, qué abundancia de matices, qué hallazgos de expresión, a cada momento:

> Ya te has puesto buena… todos
> creyeron que te morías,
> ¡mas la santa Virgen no
> quiso quitarme la vida!

Estos cuatro versos no son de *Arias tristes*, sino de *Pastorales*, libro de 1905, no publicado hasta 1911, y que, en la primera etapa del poeta, forma, con aquél y con *Jardines lejanos*, de 1904, como un primer grupo, caracterizado por la métrica uniforme; pero los tres diferentes entre sí. En los *Jardines* apunta una nota sensual, como en las *Arias* una palpitación de angustia y en las *Pastorales* predomina un elemento descriptivo, con rudimentos de narración.

Viene después otro grupo formado por dos libros: *Las hojas verdes*, de 1906 (publicado en 1909) y *Baladas de primavera* (de 1907, publicado en 1910). Aquí tenemos unos alardes rítmicos, un jugueteo de rimas y pies quebrados, un canto que parece requerir compañía de otras voces —ya no aria, sino coro— y en ambos la métrica se amplía, y en el sentimiento general parece anunciarse la nueva aurora con el color rosado que predecía Rubén Darío. ¡Libro fresco y fragante, éste de las *Baladas de primavera*, saturado de campo y de cantar, aunque maltrecho, más que ninguno, por las sucesivas correcciones!

Sigue otro grupo, iniciado por las *Elegías* (1908 a 1910) con sus tres partes "Elegías puras", "Elegías intermedias" y "Elegías lamentables", prolongadas en *La soledad sonora, Poemas mágicos y dolientes, Melancolía* y *Laberinto*, que van de 1911 a 1913 en sus fechas de publicación, y en las de composición de 1909 a 1911, en que el principal instrumento expresivo es un verso alejandrino liberado de la constancia de acentos que tenía en los románticos, por ejemplo, en Zorrilla, para insinuarse, a la manera francesa, en una sinuosa línea que ya no guarda regularidad constante en sus hemistiquios, sino que se parte y divide en porciones que parecen arbitrarias, y cuyo efecto depende de un equilibrio que exige gran tino en la lectura en voz alta.

> El sol entra en mi vida por la ventana abierta,
> de modo que el rosal se ilumina de flores;
> y las rosas de oro, en la casa desierta,
> cantan no sé qué angélicas sonatinas de amores.
> La tristeza romántica del poniente de oro
> va resbalando sobre el río vespertino...
> Yo, al acordarme de ella, me desespero y lloro,
> una rosa y un oro, lo alegre y lo divino!
>
> (E.P., III)

Da pena disecar una composición poética, pero, si observamos los versos de estas dos estancias, veremos que todos, menos uno, se dividen en hemistiquios iguales, aunque, en el primer hemistiquio encontremos palabra llana, aguda, o esdrújula, es decir, las catorce sílabas cabales del alejandrino, o una menos, o una más. El verso sexto no se puede subdividir así: *va resbalando sobre - el río vespertino*. Hay que leerlo, más naturalmente, *va resbalan - do sobre el rí - o vespertino*.

Otros casos de diferente acentuación, tomados de *Laberinto:*

> Menos puro que tu vestido blanco, el aire...
>
> (en la "Dedicatoria")

verso en que hay que acentuar levemente la sílaba átona en que termina
el hemistiquio, a diferencia de este otro

> ¡qué nobleza la de tu palidez indolente!
>
> ("Velando a Clara" p. 65),

en que dos sílabas átonas ocupan el lugar de aquélla, o el que correspon-
dería a una sílaba acentuada, dándonos así las catorce sílabas justas del
alejandrino.

Estas diferencias de acentuación, y otras más que podrían citarse, son
características del verso que es aportación principal de la época modernista; verso a la francesa, se ha dicho, y a la primitiva española también, puesto que es el de Berceo, el del Arcipreste, el de nuestro "mester de clerecía",
en suma, blandido ahora de una manera flexible, y caracterizado en Juan
Ramón Jiménez, como el de su romance, por la vibración personal, que
no podrá proponerse a la imitación, pero pone de manifiesto determinadas
condiciones de oído, como la que le hace considerar como bisílabas ciertas
palabras entendidas generalmente y empleadas en la versificación como
de una sola sílaba. Así en *Pastorales* ("La estrella del pastor", II, p. 142):

> La molinera iba blanca
> en un nido de azahares;
> dicen que ningún galán
> la había besado… ¡ay!

Aquí la separación de *ay* en dos sílabas parece prolongar la queja; pero no
es esta la razón ocasional, puesto que siempre ese grupo de sonidos vocá-
licos se desdobla, dándole un asonante para las terminaciones en *a - e,*
donde los más de nuestros poetas lo han hallado, y mi oído está con ellos,
para las terminaciones agudas en *a.**

Se dirá que éstas son minucias técnicas, pero de ellas está formado el
arte, aunque se le llame artificio, de la poesía. La mayoría de los lectores

---

* No en final, sino en medio de verso, se advierte lo mismo. He aquí uno, de los
Sonetos espirituales: "Igual que el día esto-y cuando atento…"

apenas repararán en tales pormenores, o, si acaso, sentirán una vaga extrañeza; pero nosotros no estamos ahora con la mayoría, y, además, esos mismos reparos no han de impedirnos nunca el gozo estético. Si nos lo impiden, ya no serán afortunados.

Como no han de impedírnoslo ciertas particularidades que se manifiestan, por primera vez, en *Las hojas verdes*, como son algunas rimas falsas, empleadas conscientemente:

> (El agua lava la hiedra,
> rompe el agua verdinegra,
> el agua lava la piedra…)
>
>   (V. "Lluvia de otoño", p. 27)

o las palabras cortadas, para rimar una de sus sílabas con el final de otro vocablo (de lo que hay ejemplos insignes en Fray Luis de León con algunos adverbios en *mente*). Juan Ramón Jiménez lo hace en asonante:

> (olor a libro, a rosa, a tar-
> de, a carne, a alma, a lluvia en paz!)
>
>   (XV, p. 56)

o en consonante:

> O dame fuerzas para tener es-
>   te dolor
> o deja que me estrelle, en un traspiés
>   del amor
>
>   (XX. "Ramo de dolor", p. 69)

sin contar aquellos instantes en que pueda asumir aspecto humorístico, para subrayar una reminiscencia literaria, como en "Otra balada a la luna" (XIII, p. 49):

> Tú, que entre la noche bruna,
>   en una torre amari-

lla eras como un punto, oh, luna!
sobre una i...

En resumen, podría decirse que toda esta primera parte de la obra del poeta, constituida por los libros que arriba se nombraron, podría sintetizarse en un título, "Primavera y sentimiento", empleado por él para una parte de sus *Rimas*: primavera triste, con días agitados por un viento de pasión o una ráfaga más persistente de melancolía, comunión del poeta con el alma del mundo a la que presta su íntimo sentir:

El valle tiene un ensueño
y un corazón; sueña y sabe
dar con su sueño un son triste
de flautas y de cantares.

(Arias tristes, I, VI, p. 29)

Viene después otra manera de visión en que las cosas se le aparecen, ante todo, como colores:

Hay un oro dulce y triste
en el malva de la tarde
que da realeza a la bella
suntuosidad de los parques.
Y bajo el malva y el oro
se han recogido los árboles
verdes, rosados y verdes
de brotes primaverales...

(Jardines lejanos, II, p. 25)

Culmina esta manera en los tres libros de las *Elegías*, llenos de versos así: *Hay una boca roja para el amor en llanto,* — *hay un sol amarillo para la tarde rosa...* — *En el cenit azul, una caricia rosa...* — *por el verdor teñido de melodiosos oros...* — etc. Las dos maneras indicadas no se sustituyen, sino que se completan, desarrollándose luego en los demás libros de la serie, hasta *Melancolía* y *Laberinto*.

¿Queda cerrada, en los libros de que se ha hecho mención, esta primera etapa? Diríase que no, porque en las dos mencionadas antologías vemos aparecer, entre las poesías escogidas de ellos, otras que no figuraron en sus páginas, como si el poeta, abandonado a su inspiración, determinara, después de lograda, a qué parte de su obra debía incorporar el don recibido. Para esto conviene considerar algo de que también esas antologías nos dan indicio bastante claro. Además de los libros que ha dado a la imprenta, Juan Ramón Jiménez ha escrito otros muchos que todavía están inéditos, pero de los cuales tenemos abundante muestra en ambas antologías. No debemos verlos como libros cerrados, ya que ni siquiera lo están los que ya tenemos, en su primera integridad, a nuestro alcance. Variarán de contenido, de agrupación, de título. *Las hojas verdes* sólo es una parte de *Olvidanzas;* las *Baladas de primavera*, que forman un tomo, son no más que una parte del libro que, en su primer anuncio, había de comprender otras dos: *Platero y yo* (desprendido luego, y convertido, según hemos de ver, en una de las obras fundamentales del poeta) y *Otoño amarillo*. Sería muy curioso seguir los propósitos del autor de libro a libro, desde el comienzo hasta hoy; pero, de sus variaciones mismas, se llega a uno de los títulos últimos, que da nombre a una serie de cuadernos de corta tirada, en que se junta todo: poesías antiguas y nuevas, trozos de prosa, cartas… El título es éste: *Unidad*. Y, realmente, pocos poetas habrá en que se muestre tan evidente la unidad de carácter, pasando por la variedad de inspiraciones, la diversidad y aun la contradicción de los temples, como en Juan Ramón Jiménez.

IV
J. R. J., POETA ESENCIAL

EN LA SEGUNDA PARTE de su obra de poeta, después de tres libros de transición: *Estío* (1915, publicado en 1916), en que ésta se marca; los *Sonetos espirituales* (1914-1915, publicado en 1917), obra singularísima, con perfecta unidad formal; y el *Diario de un poeta recién casado* (de 1916, publicado también en 1917), en que el paisaje melancólico se trueca por la sensación vigorosa del mar, sólo hay otros dos libros del todo nuevos: *Eternidades* y *Piedra y cielo,* de 1917 y 1918. Los demás son antologías. Tienen carácter general la de la Sociedad Hispánica (1917) y la *Segunda antolojía poética,* de la Colección Universal (1920) que nos abren perspectivas totales sobre la obra del poeta; dos antologías para niños, publicadas la una en España, la otra en Puerto Rico; los volúmenes *Poesía (en verso)* y *Belleza (en verso)* en que están representados quince libros inéditos; las colecciones de cuadernos tituladas *Unidad, Sucesión* y *Presente;* y aún otros, el cuaderno de *Obra en marcha* (1928) y una cantidad de hojas sueltas, sin título, de 1935. Por último, el tomo titulado *Canción,* de ese mismo año, en que la obra, tomando el título de *Unidad,* empezó a agruparse de otra manera, por géneros, llamándose los de poesía, de que *Canción* es el único publicado, *Romance, Estancia, Arte menor, Silva, Miscelánea* y *Verso desnudo.*

Unidad, pues, pero con etapas. Arriba señalé las dos fases de la primera. Vino después la que, desde la antología de la Sociedad Hispánica, llamé "manera abreviada", en un artículo publicado a la sazón,[1] viendo cómo en ella el pensamiento se hace más hondo, la visión más severa, la expresión más elíptica. "Llega el poeta así —escribía yo— a una 'manera abreviada' —que podríamos decir, si acaso sintiésemos comezón denominadora; entonces llamaríamos 'manera sentimental', 'manera pictórica' y 'manera sintética', a las ya indicadas," caracterizándolas, someramente en cuanto a la forma, por el predominio, en cada una, de

---

[1] E. Díez-Canedo, "*Poesías escojidas (1899-1917)* de J. R. J." *El Sol,* 9 de diciembre de 1917.

un metro distinto: en la primera el octosílabo en romance, en cuarteta; en la segunda, el alejandrino de consonante poco llamativo o asonantado; en la tercera, una versificación libre, fundada, sin embargo, en la tradicional combinación de endecasílabo y heptasílabo, con o sin consonancia o asonancia. El bulto, ya ingente, de esta obra, demuestra en su autor un trabajo incansable. Él dijo, en ciertas dilucidaciones que apostillan su *Segunda antolojía poética*, palabras que le definen muy bien: "¿Y por qué ha de ser más bella una vida holgazana y descompuesta que una vida plena y disciplinada?" Los amigos de Juan Ramón Jiménez saben que, en sus días normales, las más de las horas se las entregaba el poeta a la obra, en sus tres momentos de creación, depuración y ordenación.

Aquel momento primero no tiene hora suya, porque lo son todas. Nos imaginamos al poeta sintiendo de pronto un nuevo temblor, atisbando un matiz no descubierto, rozado por un soplo de alma que aún no logró expresarse:

> ¡Voz mía, canta, canta;
> que mientras haya algo
> que no hayas dicho tú,
> tú nada has dicho!

Avidez de creación que vale tanto como avidez de eternidad. Esta voz canta para no morir; pesa las posibilidades de no morir que le ofrece cada instante fugitivo:

> ¡Sí, para muy poco tiempo!
> Mas, como cada minuto
> puede ser mi eternidad
> ¡qué poco tiempo más único!

Nos le imaginamos, después, contemplando la obra con el gozo entremezclado de dolor en que se refleja la conciencia de lo conseguido, apaciguado ya el esfuerzo de la mente:

¡Con qué deleite, Obra,
te contengo en un abrazo majistral,
aunque me hieres, implacable,
con tus mil puntas libres de oro y fuego!

Y este deleite, trocado en amor temeroso, le hace seguir por mucho tiempo los pasos inciertos, como de criatura que se echa a andar, con que el verso camina, hasta que lo ve seguro de sí, hasta que puede exclamar, soltándolo:

¡No le toques ya más,
que así es la rosa!

Nos le imaginamos, por último, agrupando, relacionando entre sí, en series espirituales, las poesías que van naciendo, destinadas a libros de que acaso existe sólo el título, menos caprichoso de lo que pudiera creerse, puesto que abre una senda y es como el trazado de una calle a un lado y a otro de la cual han de alinearse los edificios futuros. Poco a poco ha ido dándonos a conocer, en sus múltiples antologías, de esos libros, los que aún no tienen licencia para andar en público. Ya he señalado su provisionalidad, en vista de los retoques hechos en ciertas poesías que pudo estimar consagradas, y su anhelo de perfección, no desdeñosa de la espontaneidad, pero no entregada ciegamente a ella, al definirla como "la sencillez del espíritu cultivado", y no como cosecha de un momento, sino como suma de las espontaneidades sucesivas que surgen al considerar con ojos severos la forma de cada poesía.

Los versos de Jiménez que hoy están en la memoria de todos los lectores de poesías, los de su primera época, a que algunos le quieren circunscribir, son versos escritos regularmente en estrofas que sólo tienen de personal lo más personal, el acento inconfundible del poeta. Los de su época posterior, libremente cortados, con el endecasílabo como guía, no "se pegan" tanto al oído, o se pegan a él como sentencias, como aforismos. Pero Juan Ramón Jiménez, ya en su camino de libertad, supo hacer lo que más apartado de él parecía: fraguar sonetos en el molde clásico, como no los hizo ni en la indecisión de sus años primeros. Los

Sonetos espirituales tienen, con toda la economía estricta del soneto, la novedad de entonación, en que revive la inspiración genuina de los primeros sonetistas españoles, de los del siglo XVI, Garcilaso y los demás, sin las complicaciones de los del XVII ni las sonoridades de los del XIX, es decir, en una aspiración a la pureza prístina, enriquecida por el espíritu del poeta y despojada de atavíos inútiles. No es la fórmula de sorpresa reservada para el último verso, ni el engaste de la rima rara, lo que le da valor. El sonetista huyó de esas sirtes e hizo sus sonetos de dentro a fuera, como en una porfía ennoblecedora:

> Pongo mi voluntad, en su armadura
> de dolor, de trabajo y de pureza
> a cada puerta de la fortaleza
> por que sueles entrar en mi amargura.

> Mensajes de deleite y de ternura
> escucho en torno, en la delicadeza
> del verde campo en flor… —¡Ya mi tristeza
> va a sucumbir, de nuevo, a tu locura!

> Para no oírte, muevo mis esposas,
> y golpeo el escudo con la espada,
> de mi pasión, a un tiempo, esclavo y dueño.

> Mas el dormir me ata con tus rosas,
> y tú te entras, cruel y desvelada,
> por la puerta vendida de mi sueño.

Y después de este ademán de disciplina, el poeta vuelve a su libertad, a su desnudez. Esta palabra, desnudez, o sus adjetivos, vienen constantemente a la pluma de Juan Ramón; y en una poesía que va trazando su trayectoria poética, desde las ingenuas rimas iniciales, tan olvidadas hoy como sus exageraciones modernistas, hasta su exaltación del único rasgo, su destaque de la palabra precisa, su fidelidad al pensamiento escueto, que caracterizan su madurez, nos ha dado la más cabal autobiografía poética que concretó jamás poeta alguno. Está en *Eternidades*, y la encontramos en ambas antologías:

Vino, primero, pura,
vestida de inocencia.
Y la amé como un niño.

Luego se fue vistiendo
de no sé qué ropajes;
y la fui odiando, sin saberlo.

Llegó a ser una reina,
fastuosa de tesoros...
¡Qué iracundia de yel* y sin sentido!

...Mas se fue desnudando,
y yo le sonreía.
Se quedó con la túnica
de su inocencia antigua.
Creí de nuevo en ella.

Y se quitó la túnica
y apareció desnuda toda...
¡Oh pasión de mi vida, poesía
desnuda, mía para siempre!

He aquí, con la historia, la profesión de fe; he aquí, también, la razón de tantas correcciones, la justificación de todas las antologías con variantes en los versos, en las composiciones elegidas, en la colocación; se busca lo más genuino, lo más destacado, lo más perfecto:

¡Intelijencia, dame
el nombre exacto, y tuyo,
y suyo, y mío, de las cosas!

---

* Yel. Se transcribe la composición en la ortografía peculiar del poeta, que se simplifica mediante la transformación de la *g* en *i* antes de *e* o de *i*, la sustitución de la *x* por *s* antes de consonante, la adopción de la *y* en lugar del diptongo *ie*, y algunos otros cambios análogos.

Juan Ramón Jiménez quiere llegar al nombre de las cosas, al verdadero canto de Adán frente a la naturaleza virgen, a la expresión, en palabras, de lo eterno.

Así es la rosa. El arte consiste en saber cuándo no hay que tocarla más. A veces, una confrontación nos desconcierta, no obstante. El retoque, lejos de añadir exactitud a una poesía, la esfuma; en ocasiones llega a cambiarla por otra. Pero quizá el poeta esté en lo cierto y quien proteste en nosotros sea la inercia del sentido poético receptivo, tan rutinario como los sentidos corporales. Lo evidente y claro es el camino. Va en derechura a la sencillez; no importará que se deje al lector interpretar lo no expresado, sino sólo sugerido. La poesía no ha de ser, si es como aquí la vemos, más que despertadora de emociones cordiales e intelectuales. La rosa, para Juan Ramón Jiménez, no ha de tener más que sus cinco pétalos, pero en ellos ha de estar concentrado el aroma de todos los que desarrollaría el más atento cultivo. Aroma de presente y de eternidad, que, en el amor, cambia el sentimiento voluptuoso por un complejo de supervivencia amorosa:

> Renaceré yo piedra,
> y aún te amaré mujer a ti.
> Renaceré yo viento,
> y aun te amaré mujer a ti.
> Renaceré yo ola,
> y aún te amaré mujer a ti.
> Renaceré yo fuego,
> y aún te amaré mujer a ti.
> Renaceré yo hombre,
> y aún te amaré mujer a ti.

Rechaza el poeta la exuberancia, portillo abierto a la facilidad, su declarada enemiga. Antes que ella… la obscuridad. Ya llegará a entenderla, en su momento, "la inmensa minoría". Nuevos esquemas de estrofa, aparte de los usuales, le darán, en la libertad conquistada para su verso, un principio de simetría, no diferente de lo que exige la canción. En el libro *Canción,* precisamente, encontramos, procedentes de otros libros, todas las poesías "que se pueden cantar", desde la copla andaluza, que asomaba en las primeras colecciones, hasta estos ejemplos nuevos, en que la rima consonante está casi desterrada, porque el asonante logra mejor estos matices. A veces, ni asonante siquiera: todo es ritmo, ritmo equilibrado, de vuelo libre, o sometido a una tenue ley simétrica. Por ejemplo, en "Las palomas" (así tituladas desde *Canción*, 290, p. 292):

> Alrededor de la copa
> del árbol alto,
> mis sueños están volando.
>
> Son palomas coronadas
> de luces únicas,
> que al volar derraman música.
>
> ¡Cómo entran, cómo salen
> del árbol solo!
> ¡Cómo me enredan en oro!

Distinta por el timbre, por el empleo de la rima, de lo que está habitualmente admitido, desde Bécquer, en nuestra poesía, esta manera estrófica le da a Juan Ramón Jiménez su alada gracia, susceptible asimismo de infinita variedad.

La libertad de esta poesía señala el punto de que parten, entre nuestros poetas, los más atrevidos movimientos de liberación de los nuevos líricos. Sus revistas, en los comienzos, acataban el nombre de Juan Ramón, con preferencia al de los otros poetas de su tiempo.

Lo que les lleva más allá no es tanto la versificación, que en Jiménez vemos ya virtualmente por entero, como el sentido de la imagen, y, sobre todo, la yuxtaposición de imágenes en una poesía.* Se han desprendido, a propósito, del rigor para consigo mismos que les imponía, a los poetas tradicionales, el respeto a los dogmas, y a Juan Ramón Jiménez, y a otros de su tiempo y aun posteriores, la conciencia artística que condiciona la libertad a la exactitud. Eran, son, poetas de lo consciente; los nuevos poetas dan oído a lo subconsciente, si no hay contradicción en ello, o aunque la haya. Lo subconsciente, otro nombre de lo que antaño se llamaba inspiración.

No todos los poetas más jóvenes se han lanzado, ciertamente, por caminos de libertad, en vista de que son los más fáciles. En primer lugar,

---

* "Desvelo", en *Poesía*, 2, p. 13.

no es cierto que sean los más fáciles. Todos pueden enfilar palabras sin sentido y trazar renglones sin música que se ajuste a una tonada familiar a los oídos ociosos. Y aun la timidez que hoy substituye, en la acogida que se les da, a las burlas de otro tiempo, puede engañar a la masa (a la exigua mayoría, pudiera decirse, parodiando a Juan Ramón Jiménez) y hacerle respetar monstruos informes como si fuesen puras deidades, o confundir vaciados sin nervio con mármoles palpitantes.

La tacha de obscuridad que se pone a ciertos poetas quiere decir, casi siempre, falta de decisión para explorar el sentido de su poesía. Toda poesía nueva es obscura. Luis Barahona de Soto, por 1590, no entendía en Herrera vocablos como éstos:

> Esplendores, celajes, rigoroso,
> salvaje, llama, líquido, candores…

que hoy andan en labios de la gente del pueblo, sin asomo de afectación.

Se dirá que toda poesía ha de ser evidente. Lo tendrá que ser la poesía narrativa; lo fue siempre, sin duda, la epopeya. La lírica, que expresa sentimientos íntimos, que responde a los movimientos más recónditos, a las intuiciones más leves, puede ser, en algunos momentos, obscura. Los que temen a la obscuridad en poesía no suelen poner gran atención en la que tienen por poesía clara. De diez veces que se pida a un oyente de mediana atención cuenta de unos versos que ha oído, las nueve no la sabrá dar bien cumplida, como no sea de un trozo narrativo. Toda poesía no es, pues, evidente. Más bien cabría decir que toda poesía es obscura. Se da cuenta de un trozo de música oído en lenguaje distinto de la música; otro tanto de la poesía: se da cuenta de ella en lenguaje que ya no es poesía.

La obscuridad que se atribuye a la de Juan Ramón Jiménez viene de su concentración misma. Pero esa misma obscuridad es luz en cuanto se sitúa a la poesía en su atmósfera. Lejos de condicionar la visión al detalle, como los parnasianos, ilumina un rincón del alma para que cada cual vea dentro de sí. No propone un acertijo. Tiene su propia luz, que los extraños sabrán, o no, ver.* La poesía de Juan Ramón Jiménez no va, por

---

* *Poesía*, 19, p. 107.

cierto, de la luz a la sombra. Va de la sencillez juvenil que capta un matiz sólo de la emoción, a la sencillez madura, que recoge en breve pomo una densísima esencia. Hay en ella, es decir, en sus publicaciones, un elemento que, efectivamente, desconcierta al lector no prevenido, y contribuye a la sensación de obscuridad: la maraña, al parecer, de títulos, de números, de paréntesis; la ortografía caprichosa de ciertas palabras. Pero éste es el Juan Ramón adjetivo, el marco obscuro del verso que puede encuadrar el más luminoso paisaje del espíritu. Y todo se reconcentra aquí: la pasión, el sentimiento de naturaleza y paisaje, la meditación, la exhortación a sí mismo, el ansia de eternidad, a la que se encamina, con el lema de Goethe, por él adoptado, y aun traducido, en más de una forma:

> Como la estrella,
> sin precipitación
> y sin tregua...

por medio de la obra, que quiere hacer cada día más pura y desprendida de lo circunstancial: "Mi vida interior, la belleza eterna, mi Obra", dice en uno de sus aforismos de crítica estética: "Afán de gozarlo todo —de hacerme en todo inmortal."

Las notas autobiográficas de Juan Ramón Jiménez transcritas más arriba sólo alcanzan, como se recordará, a 1907. Su vida, desde entonces, sigue por cauces de apartamiento, más o menos absoluto, huyendo siempre de lo que suele llamarse "vida literaria". En 1916, su matrimonio con Zenobia Camprubí Aymar le lleva a un definitivo alejamiento, sin cerrar ni mucho menos su comunicación con las gentes. Pero a la soledad de su casa, "la soledad sonora", van a buscarle todos los rumores del mundo; lee apasionadamente, volviéndose de modo principal a los poetas de lengua inglesa, británicos, irlandeses o americanos; sigue y comenta en poemas de fina prosa la traducción que su esposa va haciendo de Rabindranath Tagore; vuelve a editar revistas de corta tirada, con amigos cercanos; no deja de animar a los poetas jóvenes. *Índice*, con la biblioteca de *Índice* (1921-22), *Sí* (1926), *Ley* (1927), son muestra de este interés. La guerra española le encuentra en Madrid, en donde pretende ocuparse llevando su espíritu animador a varios grupos de enseñanza de niños. Sale, por último, invitado por la Universidad de Puerto Rico, en donde reúne, con su segunda antología infantil, otra de versiones de Tagore; pasa después a Cuba, y a él se debe la recopilación del libro *La poesía cubana en 1936*. Fíjase más adelante en la Florida, de donde pasa últimamente a Washington. Su obra, el núcleo de la cual, según mis noticias, se quedó en Madrid,* se acrecienta con un tomo de prosa, publicado en Buenos Aires, en donde se reimprimen también otros libros suyos. Ya no es "el Retraído", "el Cansado de su Nombre", como gustó de apellidarse, escondiéndose tras de las iniciales J. R. J., o en el anonimato. En la hora presente, su destino se agranda, poniéndole en contacto con países nuevos, influyendo en los medios próximos. Raras prosas y versos asoman en escogidas revistas. En su "Diario Poético", (*Revista Cubana*, enero-marzo, 1937, vol. VII, núm. 19-21) podemos seguir su actitud en un par de hojas sueltas:

> España (corazón, cerebro, alta entraña) sale de España.
>
> Lo que significa espíritu, idealidad, esfuerzo, cultura mejor, deja ¿por qué, por quién? a España sin ello, sin ellos, sin ella, para trabajar sobre el suelo distendido, bajo el cielo distendido, en lo normal de España y de ellos, que es, por ellos, la vida de España. ¡Ay de mi España!

Y este poema, fechado el 1º de enero de 1937, que contradice un tanto mi afirmación de arriba, pero no la deshace:

> Ya estoy en ello. Pero ¡no!
> Hay que volver atrás,
> para llegar a ello
> por el camino de la vida.
>
> Mi camino sin vida no es camino,
> es objeto,
> no es destino.

---

* "Y yo, que he deseado seguir la suerte común de los madrileños en cuanto a la propiedad local y material durante la guerra, no saqué de mi piso de España un solo papel poético ni prosaico." (Prólogo al libro *Verso y prosa para niños*, Puerto Rico, 1936, fechado en Río Piedras, el 30 de octubre de ese año).

V
LA PROSA SE HACE POESÍA

YA SABEMOS que el verso no es siempre vehículo de poesía, y Juan Ramón Jiménez tendrá buen cuidado de repetírnoslo cuando llegue la ocasión, diferenciando, una vez más, entre poesía y literatura. La poesía es una cosa recóndita, que puede unirse, o no, al verso, pero también a la prosa. Un libro de Juan Ramón Jiménez se llama por algo *Poesía (en verso)*. Otro libro, suyo también, se llama de este modo: *Poesía en prosa y verso (1902-1932) de Juan Ramón Jiménez*, escogida para los niños por Zenobia Camprubí Aymar (Madrid, 1932.)

¿Juan Ramón "para niños"? Y ¿por qué no? Tenemos hasta testimonios escritos de que los niños gustan de su obra. En otra antología, *Verso y prosa para niños*, formada e impresa, en 1936, en "edición exclusiva para las escuelas de Puerto Rico" se reproduce en autógrafo la carta de un niño de escuela elemental que dice así: "Nosotros sentimos que usted se vaya de Puerto Rico. Les deseamos un viaje muy feliz. Sus poesías nos gustan mucho porque son muy preciosas." No lo diría mejor el crítico más sabihondo, aunque se esforzase en barajar conceptos y rebuscar palabras. Estoy seguro, además, de que ese niño llama "poesías" tanto a los trozos que están en verso como a los que están en prosa; y que Juan Ramón Jiménez no está muy lejos, tampoco, de llamárselo.

¿Qué es la prosa, qué es el verso? Admitida para éste la libertad que deja de someterlo a la tiranía de las "sílabas contadas" (que desde el siglo XIII empezó a considerarse en nuestra poesía como gran mérito), a la regularidad de estrofas, a todas las demás condiciones en que las viejas retóricas hacían consistir el encanto de la versificación, el verso pudo llegar muy bien hasta la prosa, y la prosa hacerse verso. Ya no se puede llamar al instrumento de la poesía, como lo hizo el prosaico siglo XIX, "renglones desiguales", precisamente cuando más desiguales han venido a ser. Porque pueden ser iguales, hasta llenar todo lo ancho de una página, continuando no sólo el sentido, sino hasta el vocablo, interrumpido al final de una línea, en la siguiente, sin otro artificio que el de la prosa más prosaica, y encerrar, sin embargo, esa esencia recóndita llamada poesía.

La diferencia, pues, entre prosa y poesía, estará en lo que ellas digan, no en el número con que se acerquen a decírnoslo; porque, en último término, verso y prosa ya no querrán decir nada, llamándose, lo que digan, de otro modo: poesía y literatura. Esta teoría, que no es nueva por cierto, y que se deriva, en su expresión corriente, de cierto verso de Verlaine en su *Art poétique*, "Et tout le reste est littérature", vuelve a exponerla Juan Ramón Jiménez en su conferencia titulada asimismo "Poesía y literatura", incluida entre los *Hispanic-American Studies* de la Universidad de Miami y publicada últimamente.

No entra en el estudio de nuestro poeta la cuestión de la prosa, porque la prosa, dice, complicaría mucho la cuestión, pero se lanza a establecer una sucinta distinción entre "poesía escrita y literatura", sentando, desde el principio, que "poesía escrita me parece, me sigue pareciendo siempre que es espresión (como la musical, etc.), de lo inefable, de lo que no se puede decir, perdón por la redundancia; de un imposible". Sería necesario señalar la diferencia existente entre poesía no escrita y poesía escrita, que, probablemente, es la que existe entre la potencia y el acto. Porque, de otro modo, los simples mortales no podríamos tener noticia de la poesía, si no se escribiera; es decir, si no cayese en los dominios de la letra; es decir, de la literatura.

Se ha abusado mucho y se han conseguido muy fáciles victorias echando la literatura a la siniestra de Dios Padre y casi condenándola al fuego eterno, mientras que la poesía se salvaba a su diestra y no sólo se salvaba sino que hasta llegaba a confundirse con él. La comparación con la música, traída por el poeta en el texto citado, complica también las cosas. Cierto que hablamos de la música de las esferas, de los astros (y aun de la música celestial), pero sin desdeñar por ello a Beethoven, ni a los maravillosos autores de esos *lieder* cuya notación musical servía de epígrafe a las diversas partes de los primeros libros de Juan Ramón Jiménez. Sus notas son música, como los versos de los poetas a ellos equivalentes son poesía. —No son "la poesía". Ya hemos quedado en que la poesía es algo inefable; pero son su signo, su representación, su traducción, si se quiere, capaz de comunicarnos ese algo inefable, que, desde luego, no es literatura, ni es inefable, puesto que se expresa, aunque sea torpemente, y que, desde que se expresa con letras, viene a entrar en el reino de la literatura. Si todos, más o menos, entendemos la música, ¿no vamos todos a entender, más o menos, la poesía?

Los versos vienen a ser… otra cosa, pero la única que puede darnos idea de ella. Si aún creyésemos en Zorrilla, diríamos que son su vestidura:

> ¿Que los versos no son la poesía?
> No; pero son su vestidura regia…

Y compararíamos con él a la versificación con mil cosas, bellas sin duda: para la poesía, el verso

> es la cuadriga
> de corzas blancas en que va a las fiestas,
> la góndola de nácar en que boga
> y las alas de cisne con que vuela.

Pero nunca estarían más fuera de lugar estas comparaciones, que estiman al verso como vestidura, que tratándose de Juan Ramón Jiménez, para quien el verso aspira a ser desnudez; el verso y la prosa, cuando le sirve, como le sirve a él, en casi todos sus libros, como vehículo de unas emociones no inefables, sino tan maravillosamente expresadas. (Y si él no ha acertado a expresarlas cabalmente, y va acercándose a ellas a través de correcciones y depuraciones, conceda, por lo mismo, igual derecho a sus lectores, a la "inmensa minoría", que, por supuesto, sin él no hubiera gozado jamás de aquel destello de belleza entrevisto a merced de su obra.)

La consideración de que una parte, una gran parte, de la obra poética de Juan Ramón Jiménez está escrita en prosa, nos ha llevado hasta ahora a esta discusión con la que quisiéramos eliminar ese desdén por la literatura —que de los literatos ha podido pasar tan prestamente y con tan deplorables consecuencias al vulgo profano— originado en una expresión semihumorística y exaltado por un endiosamiento de la Poesía y de sus inspirados intérpretes del más seguro abolengo romántico. Pero no íbamos, no hemos de continuar, por ese camino, sino que, al recalcar lo indiferente del medio expresivo, verso o prosa, para la comunicación

de un espíritu de belleza, veníamos a parar en una proposición un tanto
paradójica: en que Juan Ramón Jiménez, en esa parte de su obra tan
importante, vuelve verso a la prosa, es decir, la hace expresar lo que antes
solía estar encomendado al verso.

Esto ocurre desde los primeros libros de Juan Ramón Jiménez. En
las *Arias tristes*, en los *Jardines lejanos*, en *Pastorales*, en otros volúmenes
de su primera etapa, breves introducciones poemáticas en prosa recogen
la esencia de las poesías a que acompañan. He aquí un "Jardín galante",
del segundo libro nombrado:

> A veces sentimos que en el alma empiezan a brotar estrellas, no se
> sabe de dónde; y estas estrellas se inflaman, se matizan, se coloran fan-
> tásticamente, y van acercándose, y tienen ojos de mujer, y van acercán-
> dose…
>
> Por las sendas plateadas de luna vienen unas sombras vestidas de
> negro; si el viento alza los trajes, suele surgir una pierna de mujer. Se
> acercan…; no sabemos quienes son, porque traen antifaces de seda
> negra; pero los ojos nos fascinan con magnetismo de serpientes.
>
> Esta noche ha surgido un rostro amarillo y negro; gira, gira verti-
> ginosamente y se deshace… Otra noche es el lago de un jardín… es una
> sonrisa de novia blanca… es una mano blanca con una azucena —oro
> y nieve, como dijo Bécquer—… y es el sol de los días felices, y son senos
> tibios entre las rosas, y son carcajadas alegres y huecas…
>
> Y para las últimas lágrimas no hay más amiga que la muerte.

He aquí un "poema en prosa", es decir, una prosa que quiere tener
todas las cualidades del verso, que parece una traducción de un original
versificado. Trozos como éste son los primeros que encontramos en esos
libros, y, juntos, podrían constituir otro, no muy diferente en su manera y
sentido de los libros mismos. Creo que es lo que corresponde a la denominación "Verso en prosa" anunciada por el poeta en *Canción* como el tomo
primero de los de su Obra definitiva, en la serie de "Prosa". Los demás se
titulan: *Leyenda*, *Viaje y sueño*, *Trasunto*, *Caricatura*, *Miscelánea* y *Crítica*.

De los fragmentos que conocemos por las dos antologías infantiles
y por los libros publicados en cuadernos, muchos podríamos situarlos,

sin temor, en el lugar a que el poeta los destina. Así, en "Viaje y sueño", tendrían su lugar los trozos en prosa del *Diario de un poeta recién casado*, en que hallamos, sin duda, algunos que irían bien bajo la denominación de "Verso en prosa", pero que marcan, con respecto al que antes hemos leído, la misma transición de la forma primera a la última señalada por los versos de ese mismo tomo. Por ejemplo, "Agua total":

> Se borra el mar lejano, y el horizonte se viene encima y aprisa, de modo que la raya última del agua tiene ya la ola, suave primero, luego grande, sobre el cielo. El aire se achica y el interior de nuestro orbe se hace pequeño, como el de una naranja cuya piel hubiese crecido hacia dentro, o como un corazón hipertrofiado. El mar parece una gotita del tamaño —¡menor!— del ojo que lo mira.
>
> El cielo no es casi bóveda nuestra, sino posible visión convexa de otros. Llueve más. Agua arriba y agua abajo, es decir, agua en medio, y toda de un color, digo, sin color, digo, negra… o tal vez blanca… Sólo agua, todo agua. Ahogo total, diluvio nuevo. En el arca, yo con mi familia y una pareja de todos los animales conocidos:
>
> (*Diario de un poeta recién casado*, CLXXI, p. 191)

Pero antes de los poemas de este corte, ya teníamos en la mano un libro entero de prosa, una obra maestra. Para escribir "la obra maestra" tengo que contenerme; tengo que pensar en lo que representa el gran *corpus* de las poesías de nuestro autor, en las que, sin duda, está la corona que ha de ceñirle para la inmortalidad. Ellas solas se la aseguran; pero, ¿no se la reservaría también, sola, esa obra maestra a que quiero referirme? La hemos conocido, primeramente, incompleta, como tantos libros de Juan Ramón Jiménez: en una selección, hecha para la biblioteca Juventud y publicada en las ediciones de La Lectura, de Madrid, en 1914. Después, en 1917, la leímos ya entera: *Platero y yo*.

¿Juan Ramón para niños?, dijimos antes. Al publicarlo en una biblioteca a ellos dedicada, el autor escribía:

> Este breve libro, en donde la alegría y la pena son gemelas, cual las orejas de Platero, estaba escrito para… ¡qué sé yo para quién!… para

quien escribimos los poetas líricos… Ahora que va a los niños, no le quito ni le pongo una coma. ¡Qué bien!

"Dondequiera que haya niños —dice Novalis—, existe una edad de oro." Pues por esa edad de oro, que es como una isla espiritual caída del cielo, anda el corazón del poeta, y se encuentra allí tan a su gusto, que su mejor deseo sería no tener que abandonarla nunca.

¡Isla de gracia, de frescura y de dicha, edad de oro de los niños; siempre te halle yo en mi vida, mar de duelo; y que tu brisa me dé su lira, alta, y a veces sin sentido, igual que el trino de la alondra en el sol blanco del amanecer!

("Advertencia a los hombres que lean este libro para niños")

Libro para niños, circunstancialmente. No podía excluirse a los niños de la "inmensa minoría"; pero sólo las personas mayores captarán todos los matices de esta prosa privilegiada en que la de Juan Ramón Jiménez ha llegado, por decirlo así, a la mayor edad. No es, ahora sí que no, el nuevo "poema en prosa", el "verso en prosa"; es la prosa cuajada, instrumento perfecto, en que caben todos los matices sentimentales e intelectuales. De cuantos fragmentos se conocen, por fuera de ese libro, con fecha anterior a sus publicaciones, sólo cierto capítulo tomado de los cuadernos de *Unidad*, en donde lleva al pie las de 1909-24 (fechas de creación y depuración, según el método adoptado en esos cuadernos) tiene las cualidades de *Platero*, que por entonces se escribía. Prefiero trasladarlo aquí, por menos conocido, y porque, si se incluyó después en la selección portorriqueña, se dejó en las páginas originales, que no eran para niños, un par de expresiones, que son como dos pinceladas típicas:

Los chiquillos —¿veinte, trescientos, siete mil? ¡la langosta infinita!— hacen de la plaza de la iglesia patio de su casa inexistente; y con gritos, silbidos y pedradas; amenazan derribar iglesia, acacias, torre y pueblo circundante.

Por una fatal combinación de esquinas, corrientes, bocacalles y simpatías, el escándalo total halla su más grande, sonora y exacta estrella de ecos en el hondo patio de mármol de Doña Luisa, la cubanita, que, a esta hora, entornado el zaguán, echados toldos y persianas a los cristales de colores de la montera y ventanas del jardín, procura reposar, en bata blanca, su baño, meciéndose suavemente en su balancín entre las flores, abierto sobre el pecho su inmenso abanico de seda negra pintado de rosas reventonas, entrehablándole a su loro, otro ideal de los chiquillos, el cual, ¡el tal! inicia cada tres segundos, verde y amarillito, la Marcha Real.

"Dormir, soñar, morir", etc. —como decía aquel librito raro y feo de D. Guillermo Macpherson y otro antes, que trajo su hermano de Cádiz y que, por cierto, ahora que se acordaba, se había llevado Juanito Ramón—. "...¡Indinos! ¡Hijos de Satanás! ¡Hijos de la Real!" Y los chiquillos gritan, el millón a la vez, silban como flechas, como locomotoras, corren más, tiran más piedras, una de las cuales, un chino blanco, redondo, precioso, frío, con nostalgia, sin duda, del mármol del patio de Doña Luisa, se entra derecho como un torpedo, imprevisto como una estrella errante, por el zaguán, pasa, infalible, sillas, plátanos, jaulas, todo, y hace, al fin, añicos un cristal grana de la última cancela.

Doña Luisa se levanta lívida, insultada, trágica, sofocada en blanco, imponente, henchida, un globo humano que cabeceara torpemente antes de soltarle las amarras, insuficiente su bata tropical de mangas cortas y gran escote, que dejan verle la cruda y mate opulencia de su bien apuntalada cuarentez, a tal acumulada tempestad. Viene tropezando, en alas y olas de la ira, hasta el zaguán, abre de par en par, con un arrastre de piedras, la puerta de la calle y, enmedio del umbral, en un arranque apocalíptico para el que es grotesco escape su enmelada voz chillona, levanta los brazos gruesos al terrible cielo cobalto y, ante el instantáneo asombro de los chiquillos, risoteo, pronto, y chunga jeneral, grita ahogándose: "¡Herodes, Herodes! ¿Dónde estás, ven aquí, buen Herodes!"

("¡Herodes!", 1920-24. *Unidad*, cuaderno 5)

En esta página hallamos ya muchas de las cualidades con que resplandece *Platero y yo*, entre ellas lo que suele llamarse "color local". ¿Es que el "color local" va a estar reservado para los costumbristas? ¿Es que no puede unirse a todo, siendo una condición más de evidencia, y no sólo un aliciente de curiosidad? Color local, en ese alto sentido, lo encontramos en *Platero*, como encontramos todas las cualidades de dos géneros literarios, que no suelen ir siempre juntos: uno de ellos, por supuesto es lo lírico inseparable de todo escrito de Juan Ramón Jiménez. Otro… digámoslo con cuidado, porque en la conferencia aludida, el poeta lo estima no como arte "de creación", sino como arte "de copia": la novela. Y una novela perfecta, no de las que dice Juan Ramón, siempre en el mismo lugar: "Una novela, una estatua, sí pueden ser perfectas, pueden estar acabadas, terminadas, quiero decir, muertas." Lejos de estar muerta, la novela de *Platero*, quiero decir el poema de *Platero*, está vivificado por la presencia de todas las grandes dotes del poeta, en cuyo espíritu se equilibran la emoción y la gracia, y por la ausencia de todos esos tranquillos del novelista que la narración seguida casi no puede evitar: "Fulana dijo"… "Mengano prosiguió"… "Pasados unos días…" Pero todo lo demás ahí lo tenemos, en *Platero y yo*, y no nos cuesta trabajo ninguno identificarlo.

No quiero decir con esto que Juan Ramón Jiménez se haya propuesto escribir una novela prescindiendo de esas cosas casi inevitables, ni dejarla en estado fragmentario. *Platero y yo* es, más bien, un poema, y así lo entiende su autor al denominarlo "elegía andaluza"; pero no es lo que ahora se llama un poema, por no llamarse "una poesía", sino lo que siempre se ha entendido por poema: un héroe o varios; una acción o varias; un canto, constantemente levantado, y entremezclado de episodios, más o menos abundantes. La novela no es más que esto, la transformación del poema, la degeneración del poema, según quieren algunos, su exaltación y modernización, según quieren otros.

En *Platero y yo* tenemos un héroe. No es Platero, el lindo borriquillo, por cierto, con quien el poeta dialoga, a quien se dirige de pronto, a quien acaricia, con quien se consuela; ni es el poeta mismo, por supuesto. El personaje principal es otro: es un héroe colectivo, es todo un pueblo, un pueblo blanco de Andalucía, el pueblo natal del poeta, Moguer, en la provincia de Huelva, en los lugares de donde partieron las carabelas de Colón para la gloria del Descubrimiento. Apenas hay alguna alusión pasajera al prestigio histórico. Pero en el libro se nos da la vida entera de Moguer, considerado como ser viviente, con una personalidad cambiante, según la hora, la estación y la coyuntura. Vive el pueblo, y en su vida los seres y las cosas son como episodios, melancólicos, regocijados o serenos, nunca indiferentes. El humor andaluz de Juan Ramón Jiménez se manifiesta con una libertad de la que hay muestras en su poesía, aunque poco abundantes; tan poco abundantes, que al examinarla en síntesis no hemos tenido que aludir a ellas. Pero ahí están, y las vemos, con el mismo cariz que en *Platero y yo*, en las escasas muestras del libro titulado *Esto* que aparecen en las antologías juanramonianas, con sus tres partes tituladas "Poesías del revés", "Mercurio" y "Alejandrinos de cobre". Una de esas poesías, de "Mercurio", parece que nos da juntos varios temas que aparecen más de una vez en *Platero*, como breve rapsodia de una gran sinfonía:

> Cuando el reló de la torre
> da las doce —yerve el aire—,
> el coche de Pedro entra
> —cascabeles— por la calle.
> Un viajante de comercio
> baja, con un mundo grande.
> Modas que aquí llegan como
> al cementerio la carne.
> En seco, mi alma espera
> aguaje que la levante.
> Desde el Cristo, se ve el mar
> solo, diamante de sangre.
>
> (*Segunda antolojía*, 139, p. 108)

Pero aquí la poesía, voluntariamente prosaica, parece más prosaica que la evocación en prosa, momentánea, del coche que va o viene de la estación, que el mar a lo lejos, que esos rápidos esbozos de poblachón andaluz tal como nos los muestra *Platero y yo*, imbuidos en el relato que no es tanto relato, como, según queda dicho, evocación, es decir, presencia. Esto constituye, a mi modo de ver, la gran realidad del libro, su fuerza poética. La virtud con que, como toda gran poesía, hace presentes las cosas.

Y el propio Platero, el burrito *tierno y mimoso, igual que un niño, que una niña…; pero fuerte y seco por dentro, como de piedra*, ¿no es nada, si no lo es todo? Pues ¿no ha de ser? Es el más grande episodio sentimental de esa vida de Moguer, combinada en la vida juvenil del poeta, con esa singular autobiografía que también leemos en el libro, certificada, más que por fechas y por nombres, por la sinceridad transparente de la emoción. La muerte de *Platero*, acentuando el carácter de elegía, termina esta serie de confidencias que su dueño le hace, y de paso a nosotros, sus lectores. En *Platero y yo* hay paisaje y figura, hay visión y adivinación. Hay, viniendo ya a lo literario —otra vez la literatura nos llama con su tirón indiscreto— una prosa tan nueva y tan distinta de las demás prosas de su tiempo, tan "prosa", es decir, tan perfecto instrumento, que hasta se diferencia de la primera de Juan Ramón, aunque en ella estén algunos de sus gérmenes, como la espiga madura del grano que se sembró, estuche ella misma de otros granos capaces de dar campos enteros, de trocarse en flor de harina para comunión y alimento de hombres.

Este libro marca una de las cumbres de la obra de Juan Ramón Jiménez. No lo vemos, sin embargo, con su título propio, independiente, en la clasificación de la prosa hecha en las páginas primeras de *Canción*, como parte de esa *Unidad* en que la obra viene a concentrarse. Nos parece que, más que a *Trasunto*, debe corresponder a *Leyenda*. El dulce borriquillo tiene ya categoría de personaje legendario, cuyo nombre se evoca ya ante el ser vivo, ya ante la imagen artística, cuando se nos aparecen de pronto con rasgos susceptibles de traerlo a nuestra imaginación. Las múltiples ediciones del libro le auguran una amplia difusión, una larga supervivencia. Es posible que, en lo futuro, sea el más fiel representante de la poesía de Juan Ramón Jiménez, a la que, después de todo, bien puede servir de introducción, porque en él están tocados muchos de sus temas y en forma sin duda más accesible que en las piezas más arduas, que, al fin y al cabo, han de conservar en toda su integridad y elevación el espíritu del poeta.

Después de *Platero y yo*, la prosa juanramoniana se muestra ya en nuevos poemas o en cuadros, mejor que narraciones, breves, ya en conferencias y aforismos, ya principalmente, en retratos, o como él dice, "caricaturas líricas", de los cuales está formado este libro *Españoles de tres mundos*, recién impreso en Buenos Aires (1942). Colección, también, fragmentaria, que aspiraba a ser un "panorama" de la época del autor, y que "fatalmente" por las circunstancias se ha reducido a 61 caricaturas, poco más de la tercera parte del libro entero, que, empezando con Fígaro, había de terminar con un autorretrato o autocaricatura, la del "andaluz solitario que anhela ser universal", o, dicho más brevemente, la del "Andaluz universal", como se ha llamado el poeta en uno de los cansancios de su nombre.* En la declaración previa advierte que "las caricaturas están tratadas de diverso modo, sencillo, barroco, realista, alto, oblicuo, ladeado, caído, según el modelo". Y añade: "Siempre he creído en la diversidad de la prosa, como en la del verso."

Esto no puede ser más evidente, y en los *Españoles de tres mundos* tenemos como una tercera manera (admitiendo en ella todas las variedades que proclama) de la prosa de Juan Ramón, que en su iniciación es eminentemente lírica y en su plenitud adquiere la solidez y flexibilidad que muestra en *Platero* y los sesgos, giros y sugestiones que lucen y varían en las "caricaturas". El autor blasona de fidelidad a sus modelos y al instante en que las trazó sin admitir otras correcciones que las meramente artísticas, de forma, independientes de todas las posteriores contingencias que hubieran podido influir en su ánimo o en su mano al realizarlas. "La vengancilla del retrato corregido me parece grotesca o infantil", escribe. Y en esta declaración está el rasgo que, con los demás, hace de cada uno de estos retratos, amén del trasunto, una especie de autorretrato. No es vana la observación de que todo gran pintor, a la vez que retrata a su modelo, se retrata a sí mismo. En estos breves cartones vemos reflejadas figuras que, conocidas o no, adquieren para nosotros vida y presencia. En las que conocemos, nos salta a la vista, ya un traslado ideal, compendio de muchas impresiones momentáneas, ya una sola de éstas, clavada, como suele decirse, que, en su misma momentaneidad, coincide con una impresión nuestra o nos despista, por no haber acertado nosotros a verla

---

* Y ésta sí que la conocemos. Está en el número único de la *Obra en marcha (Diario poético) de J. R. J. España, sin día, 1928,* y su título es "El Andaluz Universal. Autorretrato (Para uso de reptiles de varia categoría)".

nunca. Lo que siempre vemos es la seguridad del trazo, la mano del retratista. Y adivinamos, o intentamos adivinar, o creemos adivinar, su espíritu. En alguna ocasión la mano parece ir más allá del rasgo facial, moral, intelectual del retratado; la versión está lindando con la crítica, es decir, con la devoción cálida o el respeto frío, con la confianza chusca, o la censura severa. ¿No es ésta la condición de todo retrato? Podemos ver, por ejemplo, en el primero del libro, una exaltación del Poeta, del Arpa, de la Rima, mejor que la estampa del poeta mismo. Se le ve como a través de su inspiración. Es acaso, el menos "retrato" de todos.

En cambio el de Ramón Menéndez Pidal (núm. 18, p. 66) es el más retrato; casi, podríamos decir, es un retrato oficial, de tonos severos, de rasgos que fijan la fisonomía del hombre; figura detrás de la cual el pintor parecería como impersonalizado, escondido, anónimo, si no fuese por alguna pincelada que se le escapa, casi contra su voluntad.

En cuanto a las verdaderas caricaturas ¿cuáles son? Ninguna del todo. De repente surge el perfil caricaturesco, apunta la sátira; iba yo a decir la crítica. Si se lee uno de los más recientes, el de Pablo Neruda (acaso sea el más reciente de todos) nos encontramos en el caso del de Bécquer, pero en sentido contrario. Nos inclinamos a relegarlo al capítulo siguiente, en que se habla de Juan Ramón Jiménez crítico de sí mismo y de los demás.

VI

J. R. J., CRÍTICO DE SÍ MISMO Y DE LOS DEMÁS

A LOS DEMÁS los ha criticado, los ha saboreado Juan Ramón Jiménez como a sí propio. Su ley, no sus principios críticos, sino su conducta crítica, la ha formulado, y repetido muchas veces, de esta manera: "Alentar a los jóvenes, exijir, castigar a los maduros; tolerar a los viejos." En sus notas al libro de poesía cubana ya aludido y del que luego hablaré nuevamente, hace seguir a estas palabras otras que dicen:

> A mí me he exijido y castigado más que a nadie, y prueba de ello es el proceso de mi obra y mi vida. Y es claro que el que yo haya criticado en un tono o en otro, según las actitudes, a tales poetas, no quiere decir que yo no los estime en lo que valen ni que, llegado el caso, no les diera en cada ocasión el sitio merecido, ni los dejara de incluir en un granero y hasta en una antolojía.

Muchas de las reflexiones que nos dan a conocer su ideal acerca de la poesía se agrupan bajo esta denominación: "Estética y ética estética". Ya se apunta, en lo antes transcrito, cuál es su actitud; y viendo de libro a libro sus enmiendas, como en un lienzo de Velázquez los arrepentimientos de su pincel, nos salta a la vista lo que quiere decir cuando escribe: "Mi mejor obra es mi constante arrepentimiento de mi Obra" y "Ningún día... sin romper un papel." Exigencia para consigo mismo, con el ánimo de llegar a una perfección y el sentimiento de que, a cada paso, va acercándose, indefinidamente a ella. A una perfección que él comprende, sin duda, como clásica. "Clasicismo: secreto plena y exactamente revelado.— Clasicismo: perfección viva." Y también: "El perdurable error de la palabra 'clasicismo' procede, creo yo, de que se quiere definir con ella como 'condición' lo que es sólo 'resultado'; de tomar como 'sustantiva' una virtud 'adjetiva'."— Y sobre todo:

> Hay dos dinamismos: el del que monta una fuerza libre y se va con ella en suelto galope ciego; el del que coje esa fuerza, se hace con ella,

la envuelve, la circunda, la fija, la redondea, la domina: el mío es el segundo.

Y añado, con la fuerza removiéndose dentro de mi abrazo: fuga perdida sin dominio de lo dinámico, es Romanticismo.— Dominio sin fuerza dentro, Academicismo.— Clasicismo, dominio retenedor de lo dinámico.

A esta perfección se dirigen sus ansias más fervorosamente expresadas en sus versos. Si a ratos se le ve complacido en la obra: "Yo tengo escondida en mi casa, por su gusto y por el mío, a la Poesía, como una mujer hermosa; y nuestra relación es la de los apasionados;"* y, mejor: "Dinamismo, embriaguez, gracia, gloria… ¡Poesía mía!"— lo que casi siempre domina en sus profesiones, en sus aspiraciones, en sus confesiones, es un descontento, que él mismo manifiesta cuando, el 27 de septiembre de 1924, escribiendo al crítico alemán Dr. Ernst Robert Curtius, le dice:

> Casi nada de lo que le mando, ni de lo que he publicado hasta el día, lo considero sino como "material poético" para la *Obra* definitiva que voy —¿este otoño?— a empezar a publicar en hojas sueltas diarias. A mis 42 años —y después de 25 de incesante trabajo con la Belleza— siento, pienso, veo claramente que ahora es cuando comienzo; y si vivo 15 o 20 años más, creo que podré ver realizada mi *Obra* —que, de modo informe, existe ya toda.

Han pasado, desde entonces, más de dieciocho años; pero en ellos se ha producido la catástrofe que separó al poeta de sus originales y de sus borradores y que le habría exigido nuevos esfuerzos. Porque, como él también dijo: "Tenerlo todo; pero con esfuerzo."

La contemplación de su *Obra*, atento al pormenor, esto es, al libro por publicar, a la página enviada para ser impresa, pero atento también, y por encima de todo, al conjunto, nos da en Juan Ramón Jiménez el tipo

---

* La forma de estos aforismos varía también de libro a libro. En general los transcribe a los cuadernos de *Unidad*.

más perfecto de poeta consciente que se puede señalar en la literatura española, donde tanto abundan los improvisadores, los fáciles.

La facilidad, ya queda dicho, es su mortal enemiga. La denuncia en aquellos sus compañeros de iniciación, de los que le separa pronto su rigor inflexible. "Amable e inflexible", escribe, como amonestándose; mas, a veces, la inflexibilidad predomina sobre la amabilidad. Apunta ésta, asimismo, cuando se encara con ciertos poetas que florecieron a su sombra. Su dureza para con aquéllos y para con éstos se concreta en pasajes de su artículo —nada piadoso— "Recuerdo al primer Villaespesa":*

> Pongamos dos siglos por medio y veremos lo que parece la lengua "lijera" de Villaespesa; y comparemos las *Rimas humanas y divinas* y *El viaje sentimental*, por ej. Lope de Vega, Zorrilla, Rueda, Villaespesa, García Lorca; esto es el torrente, el río, la cascada, el mar... el naufrajio. Como lo fueron Zorrilla y Rueda y lo es García Lorca, Villaespesa fue siempre un alhambrista...

Y, más adelante:

> El momento actual de la poesía española me recuerda a cada instante el momento del modernismo. Hoy el colorismo y el modernismo son o acaban de ser el ultraísmo, el creacionismo, el sobrerrealismo, el jitanismo, el marinerismo, el rolaquismo, el catolicismo, el demonismo, el murcielaguismo. Yo definiría a estos "movimientos" españoles e hispanoamericanos como el villaespesismo jeneral. Lo ve quien vió aquello. En poesía y en todo, en todo lo que viene o no de la poesía y va o no a ella. Casas que poseían sólidos, bellos, fijos muebles de estilo, los cambiaban por falsos artefactos incómodos, con laberintos de tallo de loto, como ahora los tubos niquelados; los juguetes de salón eran como los de la hojalatería y el alambrismo de hoy, igualmente absurdas las lámparas; las fachadas, tan odiosas como las del lecorbusierismo; todo, de igual pacotilla, oquedad y lijereza. (Pero nada de homosexualidad en el modernis-

* *El Sol,* Madrid, 10 de mayo de 1936.

mo, señoras y señores; nuestro ideal amoroso era y sigue siendo femeni-
no, fácil o difícil.) Bastantes Villaespesas tenemos en la presente "poesía
nueva" y lo que hacen algunos olerá dentro de unos años, a mí ya me
huele, como lo de Villaespesa antier, ayer, hoy. Pasados 10 años uno de
ellos escribirá de los otros algo parecido a esto que estoy escribiendo hoy
de Villaespesa. Él fue, como son hoy en lo suyo tantos que pasan miopes
por la poesía, el modernista que no se dio nunca cuenta de lo que era el
modernismo ni de lo que no era, de lo que no podía ser o podía ser…

y así continúa Juan Ramón Jiménez su disección del hombre que pertenece al pasado. Con los del presente, como se ha visto, no es más tierno.

La poesía española que ahora se dice "nueva" —escribe en otro folletón*—
carece en jeneral de éstasis: pensamiento y sentimiento, es decir, espíritu;
por eso no tiene acento. El acento sale de lo hondo de la emoción contem-
plativa, del dinamismo estático, porque el movimiento jeneral le quita
fuerza a la voz humana. Un dinamismo rápido da sólo la imajen rápida.

El acento, el éstasis de la poesía española sigue pasando eterno por
debajo de todos los "movimientos". Acento de Jorge Manrique, de
Garcilaso, de San Juan de la Cruz, de Fray Luis de León, de Bécquer, de
Unamuno, de Antonio Machado.

Estos nombres nos señalan algunas de sus preferencias; pero es
curioso observar que sólo cuatro de entre ellos figuran en la lista de
"veinte poetas favoritos" impresa en la cubierta posterior de *Jardines leja-*
nos; es curioso que en ella no estén Garcilaso ni San Juan de la Cruz,
estando entre los españoles Góngora, Gracián (!) y Santa Teresa. Rubén
Darío sí figura, pero tampoco se ve a Miguel de Unamuno, cuyos versos,
por entonces (1904), aún no se habían recogido en tomo, aunque ya
muchos eran conocidos por su publicación en revistas. Aparecen, con
otros más, en cierta nota titulada "Poesía española contemporánea"**
que toca otro punto interesante: el de las antologías colectivas:

* *El Sol*, Madrid, 24 de mayo de 1936.
** *Ibid.*

Siempre que se me ha hablado de una antolojía de la poesía española contemporánea, he dicho lo mismo: que es imprescindible empezar por Miguel de Unamuno y Rubén Darío, fuentes de toda ella (y de lo que falta). —En Miguel de Unamuno empieza nuestra preocupación metafísica "conciente" y en Rubén Darío nuestra creciente preocupación estilística, y de la fusión de esas dos grandes calidades, esas dos grandes diferencias, salta la verdadera poesía nueva. Y no hay que decir, como dicen tales para complicar, eludir, sortear, el asunto, que lo mismo sería empezar por Bécquer, o Góngora, o Quevedo, o San Juan de la Cruz, o Garcilaso. No, sencillamente porque no son nuestros contemporáneos.— Y despúes de Miguel de Unamuno y Rubén Darío, y antes que ningún otro, pues en él comienza, sin duda alguna, y de qué modo tan sin modo, aquella fusión, Antonio Machado, el fatal.— ¿Cómo es posible que nadie crea que se deban o puedan empezar antolojías por discípulos más o menos "separados"? ¿No se dan cuenta los que lo hacen de que están intentando dar forzada existencia a un cuerpo sin cabeza? (Uno de esos cuerpos sin cabeza, o con otras cosas, zapatos, guitarras, coles, cucharas, peces, en vez de cabezas, tan propios del sobrerrealismo, imitador jeneral, con gran talento a veces, de naturales ruinas.)

Por estas, o por otras razones, mejor por otras, pues de las antologías en que estoy pensando, la segunda de Gerardo Diego y la titulada *Laurel*, publicada el año 1941 en México, y aunque ambas comienzan por Unamuno y la de Diego sólo excluye a Darío por no haber nacido en España, Juan Ramón Jiménez mostró voluntad de estar ausente, que los recopiladores de *Laurel* no acataron porque, si el propio Jiménez no se da, en la nota transcrita, como cabeza, es lo cierto, y bien claro lo vio Federico de Onís en su *Antología de la poesía española e hispanoamericana* (Madrid, 1934) que de él arranca la "máxima rectificación y depuración" del modernismo, enlazándose con la poesía de las generaciones posteriores.

Si luego vio Jiménez los despeñaderos de éstas, con mayor serenidad acaso de la que esperaban aquellos que en la primera hora fueron discípulos suyos, es positivo que, de acuerdo con sus normas, él celebró y favoreció las primeras manifestaciones públicas de hombres como Pedro Salinas, Rafael Alberti, Dámaso Alonso, Jorge Guillén y otros más, de

igual modo que, hallándose en Cuba, en 1937, promovió la publicación
de otro libro colectivo que dió a conocer muchos nombres de poetas
insulares nuevos, junto a los pertenecientes a generaciones ya celebradas.
Entonces, por cierto, Juan Ramón Jiménez echó en cara a un poeta excelente, Emilio Ballagas, su resistencia a figurar en el libro, considerándo-
lo como muy amplio de criterio.

Aquí Juan Ramón sostiene su parecer proclamándolo, en unión de
sus colaboradores, Camila Henríquez Ureña y José María Chacón y
Calvo, como "el ejemplo mejor, en lo que ha llegado a nosotros, de todas
las tendencias 'vivas' de la poesía cubana actual, estemos o no de acuerdo
con ellas, o no en todo de acuerdo". Es una antología en la que, junto al
fruto logrado, pretende mostrarse el fruto en cierne. Quiere ver en la
poesía cubana nuestro poeta lo sincero y cabal que surja, a través de las
influencias posibles, entre las cuales estima que las más beneficiosas son

> primero, como es lójico y no hay que explicarlo, la de ciertos poetas
> españoles universales que no tocan el tópico español, y la de algunos
> norteamericanos (de Walt Whitman a Masters, Frost y Sandburg), tal
> tipo de verso libre apropiado para cierto patetismo humano del lado de
> lo primitivo y lo natural,

en suma, lo que sea de América y de hoy. Y añade, saliendo al paso a
posibles contradicciones:

> Alguien me dirá leyendo esto, que yo he censurado a tales escritores
> hispanoamericanos que representan, según ellos y sus conjéneres, una
> dirección semejante. Lo que yo he dicho y digo es que "esos" no la
> representan. Aparte de que la actitud mental de tales escritores es cas-
> cada, baja y morbosa, y normal e idealista la de los norteamericanos que
> he dicho, éstos fueron y son dueños de su forma, y los escritores "esos",
> informes y claudicantes. Sin dominio de la forma no hay poesía posible,
> nueva o vieja. Otro seguirá diciendo que la poesía hispanoamericana
> debiera ser la voz nueva que expresara el mundo nuevo. (¿Hasta cuándo
> vamos a esperar esta voz y hasta cuándo va a ser nuevo este mundo?)
> Acaso, todavía; pero una voz nueva, que exprese con frescura y calidad

Chocano
Neruda

primitivas su hecho, no otra voz vieja o andrajosa, chocanera o nerudo-
na, que "quiere" pasar por nueva.

La voz nueva nunca suena a barro hueco ni nunca huele a podrido.
No es elefantiásica, leprosa, no tiene escrecencia ni colgajos, y sobre
todo, "es", no sale apretada de un globo de cartón o de membrana,
como gas chillón o fétido.

Alcance quien pueda las alusiones, si las hay, en estos párrafos. Ellos
nos dan una actitud de Juan Ramón Jiménez en todo de acuerdo con su
norma ético-estética. Con su exigencia, que bien pudiera verse colmada
con nuevas obras, en algún caso, el día de mañana. Su teoría es inatacable.
En la aplicación que hace de ella, alguien pudiera ver error o apasiona-
miento. Pero, si la inspiración poética, la percepción de la belleza, sólo
encuentra su expresión perfecta después de varios tanteos o correcciones,
un juicio sobre la labor ajena ¿no ha de estar sujeto también a cambio o
reforma? La expresión es provisional, y así lo expresan las palabras que
figuran en todos los libros de Rabindranath Tagore traducidos por
Zenobia Camprubí, y acaso en alguna de las traducciones del propio
Juan Ramón Jiménez:

> Ninguna obra, y menos si es traducción, puede tener, mientras su autor
> viva, sino un valor transitorio. En cada nueva edición, este libro se ha
> de ir desnudando más, maestro de sí mismo, hasta llegar a su espresión
> permanente.

Las traducciones de propia mano hechas por Juan Ramón Jiménez
presentan correcciones, en efecto, según puede verse por unas cuantas
poesías de Paul Verlaine, aparecidas primeramente en *Helios*, de donde yo
las tomé, con otras de diversos poetas que recibí del mismo Juan Ramón,
para incorporarlas en el libro que, con mi malogrado amigo Fernando
Fortún, publiqué en 1913, *La poesía francesa moderna*, y que el poeta repro-
dujo, muchos años más tarde, en uno de los cuadernos de *Presente*. Toda
traducción es obra de crítica —descontando, claro está, esas traducciones
comerciales, puramente mecánicas, que tanto abundan, y que pueden
tocar a obras eminentes en su original. Esto se ve en las de Juan Ramón

Jiménez, de poetas, principalmente, ya en verso, ya en prosa, en esa prosa suya con calidades de verso, que son, primero, de versos franceses —Verlaine, Samain, Moréas, Louÿs—, luego de ingleses, irlandeses y americanos —Shelley, Yeats, Æ, Frost, Lowell, Thompson, Blake—, y, junto a todas éstas, las de Synge, *Riders to the Sea* ("Jinetes hacia el mar") y las de R. Tagore, hechas con Zenobia Camprubí (colaboración declarada en el esquema autobiográfico de la primera antología de Gerardo Diego):

> Hemos intentado dar un cuerpo nuevo a tu gran corazón, a este libro donde tú quisiste recoger tu corazón completo y verdadero. ¿Lo moverá tu corazón con su sangre y con su ritmo? ¿Latirá tu corazón, libre, en nuestro cuerpo? Di, ¿cómo se encuentra en este cuerpo nuestro tu corazón?

—palabras que todo traductor escrupuloso dirige, en esencia, a su autor del momento; demostración de su conciencia literaria, que le hace meditar si habrá conseguido captar los matices, las intenciones, además de la pura letra, del original traducido. No es la poesía *escrita sobre el pensamiento*, ni la "imitación", que suele serlo todo menos imitación, tan abundante en la poesía del siglo XIX, sino algo como una re-creación, comparable a las modificaciones introducidas en unos versos propios del tiempo pasado con vigilante mirada que es, ante todo, crítica.

En cuanto a la estimación en que tenga Juan Ramón Jiménez a los demás poetas, lo que nos da mejores luces que sus apreciaciones circunstanciales sin duda es la doctrina declarada en la conferencia *Poesía y literatura*, a que ya se hizo alusión anteriormente, discutiendo su tesis principal. Vuelto a la poesía española, Juan Ramón Jiménez continúa firme en su distinción entre literatura y poesía, y poesía escrita, por supuesto. Para él, los mejores líricos, los místicos, los panteístas, los poetas espirituales, contaban poco en la corte o estaban en los conventos.

> El poeta creaba su poesía, como su oración, para sí mismo. Yo estoy seguro —afirma— de que en España han muerto desconocidos algunos poetas individuales sin obra impresa, o parte de la suya anda perdida sin duda en lo anónimo popular, lo que el pueblo ha aceptado de la tradición oral (o la escrita) más en armonía con él.

Esta teoría de que la mejor poesía es la que no se conoce redunda en menoscabo gratuito de la que se conoce, exaltando en ésta lo que se cree adivinar como muestra o residuo milagroso de aquélla. Es una teoría mística. El místico no conoce a Dios, porque si lo conociera sería Dios él mismo; pero aspira a unirse con Dios. Transportada a la expresión poética, para Juan Ramón Jiménez, es una teoría españolísima, porque, para él,

> en España, país hondamente realista y falsamente relijioso en conjunto, católico más que cristiano, eclesiástico más que espiritual, país de raíces y pies más que de alas, la verdadera poesía, la única lírica escrita posible la iniciaron, con el sentir del pueblo, los escasos y estraños místicos, cuyo paisaje era la peña adusta y el cielo maravilloso. La intentaron, como era natural, volando. Por eso la mejor lírica española ha sido y es fatalmente mística, con Dios o sin él, ya que el poeta, vuelvo a decirlo de otro modo, es un místico sin Dios necesario.

No desestima Juan Ramón Jiménez la literatura, aun colocándola en plano inferior: para él, "los cultos estimaban poco y conservaban mal" la poesía no escrita.

> Permanece impresa en algo de Gil Vicente, quien la tomó, en trueque májico, de la boca popular, y la volvió a su oído, más estilizada; quizá en Garcilaso, en fragmentos de Fray Luis de León, a pesar de su docencia horaciana; en mucho de lo poco de San Juan de la Cruz, en el triste Bécquer, en el primer Antonio Machado,

mientras que

> la literatura desde Boscán a Quevedo y a Unamuno, desde Góngora al Duque de Rivas y a Valle-Inclán, es abundantísima y esplendorosa. La España sobresaliente —concluye— es toda literatura, una entidad de rito, de aparato, de superposición, de exagerado atributo: falsa aristocracia visible (máscara de la honda aristocracia secreta).

¡Aristocracia! Para Juan Ramón Jiménez, en su conferencia "Aristo-cracia y democracia" intenta dilucidarlo, la democracia es un tránsito, la aristocracia una meta. La aristocracia, no dependiente del abolengo, del pasado, sino de la íntima y personalísima unión de "un cultivo profundo del ser interior y un convencimiento de la sencillez natural del vivir: idealidad y economía". Pronunciada esa conferencia en los Estados Unidos, donde

> el llamado "pueblo" está en una fase ascensional de bienestar justo y posible cultura, más evidente y firme que en el resto del mundo civili-zado… aunque exista el peligro de estancamiento en que este pueblo de alta marcha pueda caer por un cese de ideales, inherentes a su mismo bienestar cotidiano: una burguesía, una "clase media" parecida a la del mundo viejo, más lejana del pueblo seguro y de la cierta aristocracia que en ninguna parte del mundo también.

Como "aspirante toda su vida a aristócrata" define el poeta a un escritor, poeta también, que se le parece mucho y que anda por ciertas páginas publicadas durante la guerra española por Ernestina de Champourcin, el cual, anota Jiménez,

> no quiso enmascararse, durante la guerra, ante su pueblo anarquista o no, quitándose la barba, porque hubiese sido una concesión baja, torpe e indigna a aquellos milicianos, con quienes trataba, por lo demás, como uno de ellos; y una ofensa también, a sus iguales o parecidos, médicos, ministros, injenieros, artistas,

ya que los milicianos que pensaban en rasurarle, proclamaban que "con esa barba sólo se puede ser fascista".

El error de Juan Ramón Jiménez está en presentar a aquel escritor como "aspirante" a aristócrata. Aristócrata se es o no se es; nunca se aspira a serlo individualmente. Podrá aspirar a la aristocracia, sin darse cuenta plena de su aspiración, una clase social, dentro de la doctrina sentada por el poeta, cultivándose interiormente a la vez que buscando su mejoramiento económico. El individuo, al aspirar, corre el riesgo de quedarse a medio camino, que es lo peor del mundo; de parecerse a ese Rainer Maria Rilke según la imagen de Juan Ramón, tan distante de la mía y creo que de la verdadera cuando lo retrata como "el poeta alemán que presumió de panteísta y de místico, hasta lo relijioso y lo anjélico, y fue un adulador de aristócratas falsos, mujeres sobre todo, aunque fuera también admirador de artistas y científicos". Corre el riesgo de quedarse en *snob*, como esa amiga de Rilke y de Jiménez llamó al poeta alemán, menos lejano en espíritu del poeta español de lo que éste se imagina.

Siempre la teoría es menos segura en Juan Ramón Jiménez que la práctica. Aristocracia y pueblo, estos son sus términos. En los Estados Unidos, sin embargo, la democracia puede serlo porque *no existe pueblo ni aristocracia ancestrales y falsos*. Si el poeta escribe: "A mí me fusilarían, oyendo todo esto que digo, los llamados aristócratas, los llamados demócratas, los llamados militares y los llamados sacerdotes de España, con las debidas excepciones," no parece sospechar que también le fusilarían los de otras partes, desde uno y desde otro campos. Su enemigo es la clase media, el equivalente, en la sociedad de hoy, a la facilidad, su otro enemigo en la literatura, ya que no tenga entrada en la poesía. Pero su aspiración es grande y es noble; los ejemplos que, si no la refuerzan, ponen de manifiesto una vez más las "impurezas de la realidad", nos muestran esta realidad palpitante y francamente repulsiva o cómica.

> Yo, mejor que demócrata, quiero ser hermano del pueblo, hermano del pueblo en esperanzado estado de tránsito... [sin nada que ver con] esos farsantes llamados... defensores del pueblo, que parecen desear sólo una incultura eterna para justificar una política o una manera de vivir...

Este lenguaje se parece al que emplean los que, por su parte, intentan justificar otra política u otra manera de vivir. Pero no nos engañemos. Es doctrina de poeta, y palpita en su fondo no un espíritu de partido sino una alta y santa intención. En esto estriba su diferencia: en que no se nos da como propósito concreto dentro de un programa de partido, sino como profunda y sincera aspiración humana. El poeta no dirá, como nuestra vetusta Constitución de los comienzos ingenuos del liberalismo,

tan ingenuos casi como sus fines: "Los españoles serán justos y benéficos".
Pero no está lejos de pensarlo, y aun, si sus pensamientos pudiesen tener
alguna vez la necesaria fuerza coercitiva, y aunque la idea de fuerza y
coacción esté tan alejada de su mente, no vacilaría en escribirlo de nuevo
con la esperanza de que algún día pudiera cumplirse.

En otra conferencia, leída ésta en Madrid, el año 1936, ya con la
guerra a las puertas de la nación, llamada, sin hacer caso de la paradoja,
"Política poética", Juan Ramón Jiménez exclamaba:

> Izquierdos, derechos y medios, grupos y más grupos, nombres y más
> nombres, jeroglíficos, etiquetas y estandartes que ya nadie sabe lo que
> significan y que en realidad no significan quizás nada, ¡qué superfluo
> todo! Un joven poeta amigo mío, a quien yo hablaba de esto, me dijo:
> "¿No se podría formar el partido de la poesía?" El partido de la vida
> gustosa, añado, del trabajo agradable y completo. Y este partido no
> sería parte, porque en él cabríamos todos, sería el verdadero estado
> único. En este "estado poético" todos estaríamos en nuestro lugar, estre-
> mistas o transijentes de cada idea: que la poesía tendría la virtud de
> llevarnos a todos a nuestro propio centro, que es el solo centro, centro
> con izquierda y derecha. Donde la intelijencia fracasa empieza el senti-
> miento. No sería necesario que nadie lejislara ni rijiera, verdadero
> comunismo. Pensemos bien en esto, una labor tan sencilla; que no estoy
> soñando.

No soñaba el poeta, o así lo creía entonces. Pero si soñaba, muy bien
podemos nosotros, a cada instante, alistarnos en su partido, repitiendo
con el Segismundo de Calderón: "Soñemos, alma, soñemos."

VII
Resonancias

Un poeta, por muy apartado que esté del mundo —y a Juan Ramón Jiménez no consiguieron apartarle ni aquellas paredes forradas de corcho en que quiso encerrarse, sin éxito, algún día—, no puede interrumpir su comunicación con los demás, que van a buscarle, con fervor de discípulos o solicitud de simples curiosos, y, queriendo o sin querer, le llevan toda clase de rumores y ecos. Aunque lograra aislarse, no podría evitar a otros compañeros mudos, pero siempre con su palabra pronta: a los libros en que busca solaz y descanso, sin necesidad de interrogarlos en demanda de sugestiones o temas. Y aunque esos libros le faltaran, bastaría que en un tiempo los hubiese frecuentado para que la memoria, toda sorpresa y capricho, por muy disciplinada que esté, le trajese resonancias oportunas o inoportunas, capaces de filtrarse por los momentos más exclusivos de sus meditaciones o de su inspiración.

Un poeta es una caja de resonancias, y, a la vez, un emisor de vibraciones que van, por los mismos caminos secretos en que los ecos más lejanos llegan hasta él, a resonar en otros corazones, a iluminar otros espíritus, a contaminar otros movimientos del alma, a dar, de repente, pautas al ajeno sentir, a conjugarse con los más espontáneos latidos de la mente creadora. Apenas hay poeta, antiguo o moderno, que no haya sufrido o producido semejantes fenómenos. Se ha seguido muchas veces, con paciencia erudita, la huella de una imagen, el rastro de un tema, desde los tiempos más antiguos hasta la obra del día que, aun transformándolos y modificándolos y marcándolos con el sello propio, no consigue ocultar su origen, disfrazar su procedencia, ni siquiera en el caso, no tan frecuente como suele pensarse, de que se empeñara en disimularlos. ¿Cuándo empieza, por ejemplo, el elogio de la vida retirada que tiene su manifestación suprema en el *Beatus ille* de Horacio, su imitación más próxima y consciente, dentro de nuestra poesía española, en el "Qué descansada vida…" de Fray Luis de León, y tantas otras expresiones, determinadas o no, semejantes o disparejas de tono, que no sería difícil ir señalándolas hasta nuestros días, ni posible agotar su recuento aunque se le consagrara la vida entera? ¿Dónde empieza y dónde acaba el "Cualquiera tiempo pasado fue mejor", de Jorge Manrique, o el "¿Qué se hizo el rey Don Juan?", del mismo?

Sabido es que la originalidad no era la más noble presea en los poetas del tiempo antiguo; o, por mejor decir, que ella resplandecía a través de las imitaciones y aun de las transcripciones más literales. Yo hice, alguna vez, sin pretender tampoco en ello ser el primero que lo intentara, cierta comparación entre unos sonetos de Ludovico Ariosto, Pierre de Ronsard y nuestro Luis de Góngora, en los cuales, siendo casi exactos los cuartetos, que podían tomarse, en los dos últimos, por mera traducción de los del primero, se revelaba de manera inconfundible, en todo el cuerpo de la poesía, la personalidad de cada uno de aquellos grandes poetas. Me refiero a una confrontación que puede verificar el que guste entre el soneto de Góngora que comienza

> Cuál del Ganges marfil o cuál de Paro…

y los de sus ilustres predecesores.[1]

Es achaque moderno de cierta crítica el de atribuir dañada intención de plagio a determinadas coincidencias, o a reminiscencias no rechazadas que pueden observarse en casi todos los poetas, y que, hoy, otra crítica más sana suele examinar y estudiar con el dictado de "fuentes", que es denominación bien hallada y feliz, aunque no falte todavía quien la acoja con sonrisa de pícaro. Es algo así como lo que ocurre con el soneto de Dante (y con la mujer) según la comparación de nuestro Juan Ramón Jiménez en *Eternidades*:

> Era una fuente
> que dos chorros arqueaba en una taza
> primera, la cual, luego, los vertía
> finos, en otros dos…

---

[1] E. D.-C., "Ronsard, poeta de amor". Madrid: *El Sol*, 20-V-1919. Recogido en *Conversaciones literarias*. Madrid: Editorial América, 1921. Véase *Conversaciones literarias. Primera serie: 1915-1920*. México: Joaquín Mortiz, 1964, pp. 207-210.

comparación en la que podría verse también como una reminiscencia de
cierta poesía de Conrad Ferdinand Meyer, "Der römische Brunnen", la
fuente romana, cuyo caudal va cayendo de taza en taza,

> und jede nimmt und gibt zugleich
> und strömt und ruht.

En nada enturbian la originalidad de un poeta, y menos su verdadera y firme personalidad, las reminiscencias o contagios de ajena poesía,
rastreables, sobre todo, en los comienzos, más permeables a los influjos
del ambiente, a las tendencias dominantes, o, por el contrario, a los
brotes de rebeldía, en un poeta que se está formando.

Para conocer estas impresiones en la poesía de Juan Ramón Jiménez,
él mismo nos ha dado indicaciones valiosísimas, y aun nos ha hecho reve-
laciones inesperadas, como la que señala con el título, precisamente, de
"Fuentes de mi poesía", y la fecha de 1907, que corresponde a la composición de las primeras *Elegías*, en el pliego 6 de *Sucesión* (1932), sobre esta
poesía de Victor Hugo: "Nuits de juin". ¿Quién se hubiera ido a buscar en
Victor Hugo una posible "fuente" de Juan Ramón Jiménez? La fisonomía
general del poeta, a distancia y a simple vista, se nos aparece como muy
distante de lo que puede ser una inspiración, en general también, tan evidentemente disconforme y aun contraria. Pero no hemos de olvidar que
en la obra inmensa de Hugo se dan todas las notas, y apenas se concibe
poeta francés de época posterior, aun en los que se le muestran más con-
trarios, que no pueda asimilarse, en algún momento, a una de las innume-
rables facetas de su genio. Copiaré, sin embargo, las dos estrofas aducidas
por Juan Ramón Jiménez, para tenerlas en cuenta más adelante:

> L'été, lorsque le jour a fui, de fleurs couverte
> La plaine verse au loin un parfum enivrant;
> Les yeux fermés, l'oreille aux rumeurs entr'ouverte,
> On ne dort qu'à demi d'un sommeil transparent.
>
> Les astres sont plus purs, l'ombre paraît meilleure;
> Un vague demi-jour teint le dôme éternel;

Et l'aube douce et pâle, en attendant son heure,
Semble toute la nuit errer au bas du ciel.

Pero, claro está, en sus tanteos juveniles, Juan Ramón Jiménez, se
inclinó, primero, a lo que más cerca tenía. La influencia de Bécquer es
central. Juan Ramón Jiménez parte de Bécquer para iniciar otra etapa en
la poesía española. Él mismo habla, también, de las resonancias de
Salvador Rueda, por aquellos tiempos, y aun después.

En todos sus cantos tenía estrofas, versos sueltos de rica belleza intuitiva.
Tuvo una hora —escribe Jiménez— de discípulos e influidos; Salvador
González Anaya y José Sánchez Rodríguez, de Málaga; Enrique Redel
y Julio Pellicer, de Córdoba; Francisco Aquino y José Durbán, de
Almería, con Francisco Villaespesa; en Madrid, los Martínez Sierra y
Manuel Machado, trianero (por América debió contar, me figuro, cen-
tenares de imitadores). Y yo, aunque en mí podía más la irresistible
calidad de Rubén Darío… En 1899 —dice después—, cuando Salvador
Rueda tenía 42 años y yo 18, escribí, entre otros poemas influidos por
Rubén Darío y él, este soneto alejandrino: Mayas.

Voy a transcribirlo, no del cuaderno V de *Presente*, dedicado todo él a *El
"Colorista" nacional*, sino de *Ninfeas*, en donde la dedicatoria "Para Salvador
Rueda" lleva el signo del tiempo, y en donde hay un lujo de mayúsculas
y una ornamentación ingenua suprimidas o retocadas en la reproducción
que nos da el poeta en aquel cuaderno:

Por los húmedos campos, por los campos callados
que la Estrella del Alba baña en albos fulgores,
coronadas de lirios de tranquilos olores,
van las Mayas, envueltas en sudarios nevados…

Con los cándidos ojos dulcemente entornados,
al compás embriagante de sus harpas de flores,
van las Mayas, cantando a los puros Amores
y a las Almas virgíneas, blancos himnos sagrados…

De repente el Sol áureo, con sus labios ardientes,
da a las Mayas un beso en las púdicas frentes,
inflamado en deseos de un Amor bacanal…

Y por él perseguidas, se refugian llorando
en el bosque sombrío, en pos suyo dejando
una estela de aromas de frescor virginal…

En otro de los pliegos de *Sucesión* transcribe Jiménez un soneto de 1900, que no he hallado entre sus libros iniciales, en versos de 17 sílabas, que titula, sin duda *a posteriori*, "Armonía en violeta y blanco" y califica de "(Fusión y confusión, con Ruben Darío)":

Iba mi alma embriagándose del olor de los cárdenos lirios
y de los lirios blancos, distraído su amargo dolor.
El jardín parecía un triunfo de mudos martirios,
sólo los lirios blancos, los morados estaban en flor.

Lo cárdeno y lo níveo consolaban los raros delirios
que en mi alma vertía de unos ojos el luto mayor.
Creyérase que el alma de los blancos y cárdenos lirios
sonreía a mi alma, compañeras de un mismo dolor.

Un crepúsculo lívido envolvía con lumbre violeta
el jardín y mi alma, aureolando su eterno pesar.

El lejano horizonte esfumaba su azul silueta
de un velo de bruma, blanca espuma de un célico mar.

Y entre sombra y fragancias, mi inmortal corazón de poeta
enviaba a lo ignoto la cadencia de un vago cantar.

Aunque lo considero también retocado, este soneto da muy bien la medida de aquel modernismo sentimental que colora las primeras inspiraciones de nuestro Juan Ramón Jiménez y que apenas trasciende de sus años de iniciación. La influencia de Rueda se esfuma del todo, sin pasar siquiera a esta etapa en que sus emociones se ofrecen como imágenes coloreadas; y la de Darío sólo se transparenta en la modulación del alejandrino, que había encontrado en el gran nicaragüense toda la variedad de tonos y acentos que vemos en el gran español. ¿Qué extraña correspondencia se nota, dentro de la diversidad de timbres y entonaciones entre los versos "A Georgina Hübner en el cielo de Lima" y la "Epístola a la Sra. de Lugones", que tanto escandalizó, publicada en *El Imparcial* de Madrid, a los que aún se extrañaban delante de algunas piruetas de Darío?

Pasada su etapa modernista, Juan Ramón Jiménez se entregaba a otras lecturas, de las que tenemos referencias en *Jardines lejanos*, con la lista de "Veinte poetas favoritos", que campea en la cubierta posterior y a la que ya antes aludí. Además de los de lengua española, ya citados, tenemos en esa lista nombres de poetas extranjeros, Heine, Poe, Rossetti, y, entre los franceses, Verlaine, Samain, Musset, Rodenbach, Moréas, Maeterlinck, Paul Fort, Laforgue, Francis Jammes: los principales de la nueva poesía que forman el grupo reunido por Bever y Léautaud en la famosa antología del *Mercure de France*. A Heine se podía llegar por Bécquer; Poe y Rossetti eran favoritos de los franceses de la primera hora simbolista, y el segundo marcaba la corriente que se llamó del "prerrafaelismo", tan poderosa en un momento y con ecos hasta en la poesía española de entonces. Pero los franceses aportan las más de las influencias que apuntan en Juan Ramón, así en epígrafes y alusiones como en resonancias más o menos directas. De todas ellas se distinguen mejor la de Musset, curiosamente mezclada a veces con la de Laforgue, como en la "Otra balada a la Luna", de *Las hojas verdes*, y la de Verlaine, difusa casi siempre, y más la del Verlaine de *Fêtes galantes*, *La bonne chanson* y *Romances sans paroles* que la de los *Poèmes saturniens*, *Sagesse*, *Jadis et Naguère* y otros libros. No ha tenido Juan Ramón Jiménez los desarreglos de imaginación que se manifiestan en unos ni las crisis de misticismo que dan su impresionante grandeza a algún otro. Su Verlaine es el que denuncian hasta los títulos primeros de la obra de plenitud, *Arias tristes*, *Jardines lejanos*, y pasa a algunos otros posteriores, siempre en el tono de la dulzura sentimental que es una de las dos caras de aquel Jano ebrio de la orilla izquierda del Sena. Donde más concretamente le recuerda es en la "Lluvia de otoño", de *Las hojas verdes*:

Mi frente cae en mi mano…
ni una carne, ni un piano!
mi juventud pasó en vano…
mi mano deja mi frente…
Llueve, llueve dulcemente…

en que el último verso, repetido como estribillo en las cuatro estrofas, casi traduce literalmente el de Rimbaud, *Il pleut doucement sur la ville*, que Verlaine empleó como epígrafe en una de sus más famosas canciones:

Il pleure dans mon Coeur
Comme il pleut sur la ville…

No deja de tocar Juan Ramón Jiménez, en ese libro de *Las hojas verdes*, que es como un juego, distracción o recreo suyo entre inspiraciones más graves, algún tópico ya rezagado de la poesía modernista, como el del japonismo:

Háblame tú con tu voz
de musmé fresca y gentil
luna de nardo, de arroz
y marfil!
y si fueres por tu cuna
noble y pálida princesa,
cásate conmigo, luna
japonesa!

Pero otra influencia más fuerte había de manifestarse en toda una parte de su obra, en los tres libros de *Elegías*, y en la parte de otros que corresponde, en forma e inspiración, a aquellos tres: la de Jean Moréas, el griego aclimatado en Francia, jefe de la *École romane* (escuela que, si acaso, en español ha de llamarse románica y no romana), ejemplo permanente para algunos poetas franceses vueltos más tarde a la poesía del siglo XVII, Malherbe, Racine y los demás, y autor, en su *Ifigenia*, de una tragedia según el modelo antiguo; la de Jean Moréas, que para Juan Ramón Jiménez, en 1936, "no era tanto como entonces ni es tan calvo como ahora, en su época 'perfecta' de la escuela romana", en lo más perfecto y viviente que produjo, en las *Stances*, cuyo primer libro se conoce desde 1899 y el séptimo y último sólo se publicó, póstumo, en 1920. En Jean Moréas encontramos no sólo la forma, que, como se verá, presenta analogías muy grandes con la de Juan Ramón Jiménez en ese período, sino el anhelo de inmortalidad, la confianza en el genio de la poesía que le ha de sobrevivir, traspasado a nuestro poeta, o, mejor, coincidente con su aspiración más íntima: ¿qué le importa lo demás, si, como le dice a su lira, al pulsarla,

> Tu sonnes chaque fois plus savante et plus pure?…

Algunas de estas estancias tradujo Juan Ramón Jiménez y sólo pueden leerse hoy en *La poesía francesa moderna*, el libro que yo publiqué con Fernando Fortún y al cual ya he aludido. El poeta nos las dio con otras poesías de Albert Samain, Pierre Louÿs y Henri de Régnier, que tampoco, después, ha reimpreso. La estancia en que figura el verso arriba citado, la tradujo así:

> Sólo los muertos me oyen; habito los sepulcros;
> de mí mismo he de ser el enemigo eterno.
> Para el cuervo es mi grano, del ingrato mi gloria;
> sin llegar nunca a las cosechas, labro y siembro.

> No me he de lamentar: ¿qué importa el Aquilón,
> el oprobio, el desprecio, el rostro de la injuria,
> pues que cuando te pulso, lira de Apolo, tú
> me respondes más sabia, cada vez, y más pura?

Véase ahora, sin rebuscar demasiado, la correspondencia de las *Elegías* juanramonianas con ese tono:

> Bajo la sombra de la noche amarga, todo
> se ha conjurado contra mi corazón. Perdida

está mi dulce vida entre bullicio y lodo,
no hay una luz que encante lo negro de la vida…

Mas… ¿qué importan los hombres, ni el azar, ni el destino
rudo, ni este atropello de sueños y de cosas,
si yo te veo, vida, pasar desde un camino
que lleva a un prado eterno de estrellas y de rosas?

O bien contrastando la bajeza de la vida en torno con la elevación de sus
íntimas aspiraciones, fecundadas en el aislamiento:

En el sol melancólico —¡oh, tedio vespertino!—
flota el humo azulado que exhala la pereza
de estos hombres que fuman, que hablan, que beben vino,
que dan dolor de alma y dolor de cabeza.

Está de oro todo lo azul hacia occidente,
y, en la brisa de otoño que perfuma la plaza,
yerra la gran nostalgia llorosa de un poniente
que hizo sonoro un día y dorado la raza.

Y estos reformadores de patria y mundo, hacen
alarde de un orgullo que ignora y que no admira
mientras yo voy sintiendo, frente al sol, que me nacen
dos grandes alas blancas al lado de la lira.

(Elegías lamentables, XXVIII)

La traducción, según se ha visto, está en cuartetos asonantados
(dejando el consonante por el acento, según me decía) pero en cuartetos
asonantados también están, por ejemplo, otras elegías, análogas de tono,
de *Laberinto* y de *Melancolía.* Para mí esta noble influencia, sentida en la
primera madurez y comunicada a lo largo de la obra, es una de las fundamentales en Juan Ramón Jiménez, más que la de Victor Hugo, apun-
tado por él como "fuente", en las dos cuartetas antes citadas, en que el
tono es enteramente distinto.

Otra influencia, muy importante, aunque más difusa, es la de Francis
Jammes. Más que en los temas, en la manera de aproximarse a las cosas

humildes, y aun en ciertas combinaciones de versos asonantados con
una ley rítmica no silábica, encuentro yo semejanza, más para sentida
que para demostrada con ejemplos, entre nuestro poeta y el de los versos
De l'Angélus de l'aube à l'Angélus du soir; y esa influencia llega casi hasta
las prosas regionales y aun hasta las de *Platero y yo,* un burrito más perfecto sin duda, con mayores esencias de vida poética que todos los que
andan por la obra de Jammes, muchos de los cuales han entrado en
nuestra poesía a través de las versiones admirables de Enrique González
Martínez. Pero no es la influencia de Jammes la que yo considero de
importancia en esa obra originalísima de nuestro Juan Ramón, sino que,
también de un modo vago y más difícil todavía de demostrar, no la
influencia, sino el recuerdo, en varios instantes, de otro libro, totalmente ajeno en espíritu a *Platero y yo:* me refiero al de Pierre Louÿs titulado
Chansons de Bilitis, de que Jiménez tradujo también algunos cantos.
Parecerá desatinada la semejanza, porque nada más ajeno al prurito eró-
tico de ese libro que la sencillez de Platero, no privada, en alguna que otra
página y en el fondo de muchas, de cierta clara sensualidad. Pero ya dije
que, sin atinar a determinarlo fijamente, encuentro en algunos pasajes
cierta paridad de acento entre ambos poemas, que son, como es harto
sabido, obras maestras de la prosa hecha poesía.

Más difusas encuentro aún las huellas que las lecturas de los poetas
de lengua inglesa han podido dejar en las últimas fases de la poesía
juanramoniana. No sé si algo de Emily Dickinson, de quien hay tres
composiciones traducidas en el *Diario de un poeta,* o algo de Walt
Whitman, citado aquí y allá, podría destacarse, leyendo atentamente a
nuestro poeta después de repasar las mejores muestras de esa poesía.
Más bien creo que en ingenios no tan llamativos, en un Sandburg, en
un Frost, en un Robinson, pudiera mostrarse algo análogo a lo de nuestro poeta, o en los más grandes, en un Shelley, en un Blake, acaso en un
Browning. Pero yo no podría encontrar algo característico en relación
con este tema.

Lo que se ha hecho resaltar alguna vez, a última hora, es el posible
influjo de Rabindranath Tagore sobre la poesía de Juan Ramón Jiménez.
Es cierto que nuestro poeta ha contribuido a que se conozca en lengua
española al poeta bengalí, y que las primeras traducciones castellanas

sobre el texto inglés del poeta mismo, o de intérpretes por él autorizados y revisados, llevan la firma de Zenobia Camprubí, la esposa de Juan Ramón Jiménez, y han sido, de seguro, compuestas con su colaboración, además de llevar, en su mayoría, poemas en prosa en casi todos los tomos, a manera de introducción lírica. Pero no hay que olvidar que esas traducciones comenzaron cuando ya la prosa de nuestro poeta estaba bien definida en sus características, y que el éxito alcanzado por las versiones de su esposa, de las que se han publicado más de veinte tomos, algunos varias veces reimpresos, y hasta reproducidos unos cuantos sin su autorización, se debe en buena parte a la excelencia de su forma española, en la cual, si vale la paradoja, puede verse no el influjo de Tagore en Juan Ramón Jiménez sino, por el contrario, el influjo de Juan Ramón Jiménez sobre Tagore.

En alguna ocasión, compatriotas del poeta hindú nos han afirmado que estas versiones, fieles, sin duda, a la forma inglesa, tienen poco que ver con la de los originales bengalíes, y acaso en la vestidura española pueda advertirse semejante circunstancia. Es un caso de recreación evidente. En el general desconocimiento de aquellos originales, bien podríamos decir que el texto de Rabindranath Tagore a que no es ajena la mano de Juan Ramón Jiménez, le ha dado, más que un modelo que seguir, un tema que traer a su peculiar manera, mediante la intervención de quien más cerca de él puede estar para ceder a su influencia y su gusto. No quisiera insistir en esta cuestión, y la enuncio tan sólo provisionalmente, porque me faltan bases seguras para fundarla y porque ni siquiera dispongo ahora de la mayoría de esos libros; mas no dejo de tomarla en cuenta para dejar sentado lo que, en mi sentir, tiene de curioso ese interesante contacto entre dos grandes poetas de nuestro tiempo. La obra del uno podría llevar como título general el de uno de sus libros: *Morada de paz*. En la del otro, hay demasiados temas de inquietud, demasiados anhelos de perfección, siempre, al parecer, inasequible del todo y distante de la mano tendida a lograrla, para que pudiera aplicársele una denominación parecida. No basta la afinidad de algunos motivos para establecer semejanzas; pero acaso en algunas notas recientes, como en la composición titulada "Abierto" (de *Canción*, n° 346) podamos encontrar algún eco del misticismo del *Gitanjali*:

Dejad las puertas abiertas
esta noche, por si él
quiere, esta noche, venir,
que está muerto.
                    Abierto todo,
a ver si nos parecemos
a su cuerpo. A ver si somos
algo de su alma, estando
entregados al espacio.
A ver si el gran infinito
nos echa un poco, invadiéndonos,
de nosotros; si morimos
un poco aquí; y allí, en él,
vivimos un poco.
                    Abierta
toda la casa, lo mismo
que si estuviera de cuerpo
presente en la noche azul
con nosotros como sangre,
con las estrellas por flores.

Y si Juan Ramón Jiménez no ha dejado, como ningún poeta de su altura, de traslucir influencias ajenas, la suya propia ¿no ha de haberse manifestado también, como muy poderosa, en la poesía de otros, contemporáneos y discípulos suyos? De esto los lectores de poesía española no tenemos la menor duda. Si la poesía de Salvador Rueda tuvo tantos secuaces, y los tuvo, en mucho mayor escala y en ambos mundos, la de Rubén Darío, no ha ido en zaga el influjo de Juan Ramón Jiménez en España primero e inmediatamente en los países de nuestra habla. Basta ver una antología cualquiera para advertirlo. Las *Arias tristes*, en sus días, se comunicaron tanto a la inspiración de los poetas jóvenes como en la actualidad los giros y galas del *Romancero gitano*, de García Lorca. La tristeza del poeta, su sencillez y espiritualidad, se vieron remedadas inmediatamente y libros enteros y páginas de revistas juveniles llevaron pronto su sello. ¿A qué citar nombres? Por todos los países de lengua española pasó esta ráfaga, que llevaba consigo, como antes la de Rubén Darío, los gérmenes de inspiraciones análogas. En la Argentina, en el Uruguay, en México, en Chile, en el Perú, en Cuba, el juanramonismo tuvo fuerza inspiradora, que en algunos poetas todavía subsiste, quizá cambiado aquel primer temblor de sencillez y melancolía por las más revueltas inquietudes y las más irregulares formas de la poesía de hogaño. "Los postrománticos —escribe, por ejemplo, hablando del Perú, Luis Alberto Sánchez— siguieron tras las huellas de Verlaine y de Samain, y sobre todo de Juan Ramón Jiménez." Y añade: "El representativo de ello es José Gálvez...* seguidor de Villaespesa, Chocano y Jiménez, en sus comienzos, quien publica dos tomos de poemas titulados *Bajo la luna* (1910) y *Jardín cerrado* (1912)..." ¿Cuántos jardines, cuántas arias o romanzas nos quedan de aquella primera hora? Y de la última, basta ver el ya citado libro *La poesía cubana en 1936* para darse cuenta de lo que ya el propio Juan Ramón Jiménez nos indica cuando alude a influencias como "la de ciertos poetas españoles universales que no tocan el tópico español". Ritmos libres, poemas en prosa, revelan el trato íntimo con los libros de la última etapa juanramoniana, curiosamente enlazados, a veces, con vislumbres de superrealismo.

Pero no toda esa influencia se traduce en imitación. Sobre las más fuertes personalidades de la nueva lírica española se ha proyectado en algún momento la sombra de Juan Ramón Jiménez, visible en una actitud, en un determinado fervor o desdén, en cierta predilección o aun en pasajes concretos, como algunos que el propio maestro ha señalado en sus artículos críticos, como "coincidencias poéticas y prosaicas".**

De la última poesía que hemos citado, se halla, por ejemplo, algún trasunto en la de Pedro Salinas que aparece en *La voz a ti debida* (de 1934):

No, no dejéis cerradas
las puertas de la noche,

* Cito este nombre con preferencia a otros, porque tiene relación con la anécdota que produjo la poesía de Juan Ramón Jiménez "A Georgina Hübner en el cielo de Lima". Georgina no había existido nunca. Ahora es cuando existe, merced a aquellos versos maravillosos.

** *El Sol*, 1936. "Crítica".

del viento, del relámpago,
la de lo nunca visto.
Que estén abiertas siempre
ellas, las conocidas.
Y todas, las incógnitas,
las que dan
a los largos caminos
por trazar, en el aire,
a las rutas que están
buscándose su paso
con voluntad oscura
y aún no lo han encontrado
en puntos cardinales.
Poned señales altas,
maravillas, luceros;
que se vea muy bien
que es aquí, que está todo
queriendo recibirla.
Porque puede venir.
Hoy o mañana, o dentro
de mil años, o el día
penúltimo del mundo.
Y todo
tiene que estar tan llano
como la larga espera...

Juan Ramón Jiménez, al señalar estas coincidencias de frase, entre las dos poesías, de sentido místico la suya, de místico sentimiento amoroso la ajena, añade como comentario: "El que ofrece, declara, reconoce sus verdaderas fuentes, sus faltas verdaderas, sus verdaderas relatividades, puede señalarlas también serenamente en los que las ocultan o no quieren admitirlas." A más de las similitudes indicadas marca otras dos de Pedro Salinas y tres de Jorge Guillén, sin mencionar los nombres de estos poetas, pero fácilmente rastreables por quien conozca la obra de ellos, y nada extrañas para quien recuerde el apoyo que encontraron sus primeras manifestaciones poéticas en Juan Ramón Jiménez y el fervor con que se acercaron a él, de lo que ha quedado testimonio en muchas publicaciones. Citemos, como ejemplo de su huella en Guillén, únicamente los versos que copia Jiménez:

De Juan Ramón Jiménez (en la *Segunda antolojía*, n° 195, de "Poemas impersonales"):

> Del amor y las rosas,
> no han de quedar sino los nombres.[2]
> ¡Creemos los nombres!

De Jorge Guillén (en *Cántico*, 1936, p. 88, "Los nombres"):

> —¿Y las rosas?… Pestañas
> cerradas: horizonte
> final ¿Acaso nada?
> Pero quedan los nombres.

De Juan Ramón Jiménez (en *Poesía*, 1923, n° 67):

> Todas las rosas son la misma rosa
> ¡amor! la única rosa…

De Jorge Guillén (en *Cántico*, p. 229):

> ¡Oh concentración prodigiosa!
> Todas las rosas son la rosa…

Yo no sé si estos fragmentos tienen algo que ver con el aforismo estampado en el mismo lugar donde las coincidencias son señaladas y que dice: "Triste rosa de uno que se le ofrece a otro. Triste otro a quien se le da (y que toma) la rosa de uno." Ni quisiera que mis transcripciones se toma-

---

[2] En la *Segunda antolojía poética* dice: "no *ha* de quedar sino los nombres".

ran a mala parte, porque como dice también allí mismo el poeta "mi ley es que todo lo público puede tratarse públicamente", y porque, después de todo, esas indudables huellas de la influencia clara de un poeta sobre sus allegados son cosa de todos los tiempos y en todos los poetas se dan, como afirmé al comienzo de este capítulo. ¿Quién dudaría en considerar la poesía de Juan Ramón Jiménez como una de las fuentes, no ya de los dos poetas citados, cada uno de los cuales tiene hoy su personalidad más alta o más baja, más amplia o más angosta, según se estime, pero ya perfectamente definida y reflejada por una poesía que está siendo, a su vez, fuente para otros ingenios más jóvenes, sino como una de las fuentes de toda la actual poesía hispana? Así como las facciones del padre se reproducen en los hijos y las del antepasado en los descendientes, las semejanzas que pueden señalarse entre las obras de los poetas dignos de tal nombre son signo de nobleza y no valen el trabajo que costaría tratar de ocultarlas, porque, además, si se intentase, no habría medio de ocultarlas siempre y del todo. La fuerza de la poesía de Juan Ramón Jiménez se revela también en éstas que podemos llamar imitaciones, reminiscencias, o como se quiera. Son resonancias que ningún poeta verdaderamente grande puede evitar. Los que se dediquen al estudio de fuentes, podrán señalar, a cada paso, en el poeta que elijan, tantas y tantas, que, realmente, si encuentran uno libre de tales coincidencias, habrán de distinguirle como a un bicho raro o destacarle como el tipo de la perfecta originalidad: la de aquél que haya dicho tales cosas que ni antes de él las dijo nadie, ni después de él se atreverá nadie a repetirlas.

VIII
Proyectos

Sabido es que los primeros versos de J. R. J. hubieron de publicarse, según su primera intención, con el título de *Nubes*. Hiciéronse, en cambio, los dos primeros tomos anotados en la Bibliografía, en los que se anunciaban, como "próximas a publicarse", las obras siguientes: *Besos de oro* (poesías), *El poema de las canciones* (poesías) y *Rosa de sangre* (prosas), y como "en preparación" *Siempreviva* (poesías), *Laureles rosas* (poesías) y *Rubíes* (prosas).

En las *Elegías*, I, anuncia como "obras del poeta" *Penumbra*: Ninfeas, Sonetos románticos, Romances ingenuos, Oraciones; *Rimas de sombra*: Paisajes de la vida, Primavera y sentimiento, Paisajes del corazón; *Arias tristes* y *Jardines lejanos* (tal como hubieron de publicarse); *Palabras románticas*: Palabras románticas, Otras palabras románticas, Otras palabras románticas; *Pastorales* (tal como se publicó); *Olvidanzas*: Las hojas verdes, Las rosas de septiembre, El libro de los títulos, Versos accidentales; *Comentario sentimental, Baladas de primavera*: Baladas de primavera, Platero y yo, Otoño amarillo; *Elegías* (como se publicaron); *Ideas líricas*; *La soledad sonora* (como se publicó); *Paisajes líricos*; *Baladas para después*. En las *Elegías*, III, añade: *Ideas líricas*: Ideas líricas, Acotaciones, Notas; *Paisajes líricos*: Paisajes líricos, Paisajes sensuales, Esquisses; *Poemas mágicos y dolientes* (casi como se publicó); *Arte menor*; *Laberinto*; *Poemas agrestes*; *Melancolía*. En *Poemas mágicos y dolientes* se agregan: Poemas impersonales, *Diálogos* y *Esto*.

Melancolía da una nueva lista de "obras del poeta": Verso: *Penumbra*, 1901; *Rimas de sombra* (agotada), 1901-1902; *Arias tristes* (agotada), 1902-1903; *Jardines lejanos* (agotado) 1903-1904; *Pastorales*, 1903-1905; *Olvidanzas*, 1906-1907; *Elegías*, 1907-1908; *La soledad sonora*, 1908; *Poemas mágicos y dolientes*, 1908; *Arte menor*, 1909; *Laberinto*, 1910-1911; *Poemas agrestes*, 1910-1911; *Melancolía*, 1910-1911; *Poemas impersonales*, 1911; *Libros de amor*, 1911-1912; *El dolor solitario*, 1911-1912; *Domingos*, 1911-1912; *El silencio de oro*, 1911-1912; *La frente pensativa*, 1911-1912; *Bonanza*, 1912. Prosa: *Palabras románticas*, 1906; *Comentario sentimental*, 1903-

1908; *Ideas líricas*, 1907-1908; *Paisajes líricos*, 1907-1908; *Recuerdos*, 1911; *Insomnio*, 1912; *Pensamientos*, 1913. Verso y prosa: *Baladas de primavera*, 1907; *Baladas para después*, 1908; *Diálogos*, 1910-1911; *Esto*, 1908-1911. *Laberinto* añade a Verso: *Pureza*, 1912; *Unidad*, 1912-1913, y a Prosa: *Odas libres*, 1912-1913.

Estío, el primero de los tomos de *Obras de Juan Ramón Jiménez* que publicó la Biblioteca Calleja, trae otra repartición: Verso: *Primeras poesías, Arias tristes, Olvidanzas, Elegías, Laberinto, Poemas impersonales, Apartamiento, El silencio de oro, Sonetos espirituales, Estío, Eternidades, Poesías escogidas*. Prosa: *Prosa primera, Poemas en prosa, Recuerdos, Platero y yo, La colina de los chopos, Elegía a la muerte de un hombre, Las flores de Moguer, Vidas paralelas, Sevilla, Cuentos y sueños, Creación, Miss Conciencia, Libro compasivo*. Verso y prosa: *Esto, Diario de un poeta recién casado, Monumento de amor*.

En la *Segunda antolojía poética*, publicada en 1922, están representados los siguientes libros: Verso: 1. *Primeras poesías* (1898-1902); 2. *Arias tristes* (1902-1903); 3. *Jardines lejanos* (1903-1904); 4. *Pastorales* (1903-1905); 5. *Olvidanzas* (1906-1907); 6. *Baladas de primavera* (1907); 7. *Elejías* (1907-1908); 8. *La soledad sonora* (1908); 9. *Poemas májicos y dolientes* (1909); 10. *Arte menor* (1909); 12. *Poemas agrestes* (1910-1911); 13. *Laberinto* (1910-1911); 14. *Melancolía* (1910-1911); 15. *Poemas impersonales* (1911); 17. *Libros de amor* (1911-1912); 18. *Domingos* (Apartamiento: 1) (1911-1912); 19. *El corazón en la mano* (Apartamiento: 2) (1911-1912); 20. *Bonanza* (Apartamiento: y 3) (1911-1912); 21. *La frente pensativa* (1911-1912); 22. *Pureza* (1912); 23. *El silencio de oro* (1911-1913); 24. *Idilios* (1912-1913); 27. *Sonetos espirituales* (1914-1915); 28. *Estío* (1915); 30. *Eternidades* (1916-1917); y 32. *Piedra y cielo* (1917-1918). Verso y prosa: 11. *Esto* (1908-1911); 16. *Historias* (1909-1912); 25. *Monumento de amor* (1913-1916); 26. *Ornato* (1913-19…); 29. *Diario de un poeta recién casado* (1916); 31. *Ellos* (1918-19…).

Como va indicado, los libros posteriores a 1920 son sólo antologías de otros muchos, inéditos o publicados. En *Poesía* y *Belleza* están representados los libros siguientes: *La realidad invisible* (1917-1919); *Unidad* (1918-1920); *Hijo de la alegría* (1918-1920); *Fuego y sentimiento* (1918-1920); *Luz de la atención* (1918-1920); *La mujer desnuda* (1918-1920); *Ellos* (1918-1920); *La muerte* (1919-1920); *Forma de huir* (1919-1920); *El vencedor oculto* (1919-1920); *La Obra* (1919-1920); *1920* (Miscelánea); *1921* (Miscelánea); *1922* (Miscelánea) y *1923* (Miscelánea).

En *Canción*, publicada en 1935, con sólo las iniciales por todo nombre del autor, se reparte así, con el título de *Unidad*, la "obra poética (desde 1895) de Juan Ramón Jiménez (A la inmensa minoría)": Verso: 1. *Romance;* 3. *Canción;* 5. *Estancia;* 7. *Arte menor;* 9. *Silva;* 11. *Miscelánea,* y 13. *Verso desnudo.* Prosa: 2. *Verso en prosa;* 4. *Leyenda;* 6. *Viaje y sueño;* 8. *Trasunto;* 10. *Caricatura;* 12. *Miscelánea,* y 14. *Crítica.* Complemento: A. *Resto;* B. *Traducción;* C. *El Padre matinal;* D. *Artes a mí;* E. *Críticos de mi ser.* F. *Cartas,* y G. *Complemento jeneral* (Poesía no escrita).

Entre estos anuncios de libros, unas veces publicados y otras no, y algunas dados solamente en extractos, se advertirá que, desde *Olvidanzas*, aparece uno, *El libro de los títulos*, en cuya denominación creo ver una de las bellas intuiciones de Juan Ramón Jiménez. Recorriendo la lista entera, y aun ciñéndose a los libros publicados como tales, se hallarán títulos que, por su simple enunciación, equivalen ya a una poesía, y se verá en otros la primera fase de algo que ha venido después a intitularse de otra manera: por ejemplo, me parece adivinar en *Ellos*, que aparece en la *Segunda antolojía*, el germen de los *Españoles de tres mundos*. Y en la clasificación última de *Canción* veo la posibilidad de agrupar tantas de las obras bien conocidas según el modelo que el mismo *Canción* nos da, y observo en lo genérico mismo de esa 'serie' de títulos una correspondencia con la voluntad de omitir el nombre propio, sustituyéndolo por iniciales, que se observa en el mismo tono definitivo y de que ya hay indicio anteriormente en apelativos como K.Q.X., el Cansado de su nombre, El Andaluz universal… Otros títulos, de los primeros tiempos, marcan correspondencias también con lecturas pasadas que pueden señalar momentáneas influencias: así *Esto* y *Baladas para después*, que recuerdan, sin duda, dos secciones de *Les amours jaunes* de Tristan Corbière, tituladas *Ça* y *Rondels pour après*.

He de advertir que el presente capítulo fue dispuesto por mí antes de conocer la carta del poeta que en el próximo se transcribe y en que uno de los tomos que anuncia con el título de *Complemento* va descrito con estas palabras; "incluye sintéticamente, en forma de índice anotado, todas las ordenaciones anteriores de mi obra". No creo que haya podido yo anticiparlo, y sé además cuáles son los datos de que, sin duda, carezco para haberlo conseguido, si fuera tal mi propósito; pero, de todas suertes, algo tiene que ver esto con aquello y no quisiera haber errado en nada substancial.

En cuanto al otro *Complemento jeneral (Poesía no escrita)* mencionado párrafos atrás, puedo comentarlo hoy mediante la transcripción de unas palabras del poeta mismo, tomadas de una serie de composiciones en verso y prosa, que estimo recientes y que se publicaron en uno de los suplementos dominicales de *El Nacional*, de México, del 30 de enero de 1944, en que se copiaron, sin duda, de otra publicación que no ha llegado a mi noticia. Dicen así:

> Poesía no escrita.— Si yo hubiera podido desenvolver, conservar, imprimir mi obra poética (que ahora ha quedado toda en nuestro piso de Madrid, y, sobre todo, con mi fortuna) en la forma, en una de las formas soñadas y pensadas, durante tantos años, por mi fe y mi duda (hojas separadas, diario poético, partes de libro, libros poemáticos completos, grupos de tres libros poemáticos hermanos, libros por forma, libros por materia, el verso y la prosa en dos libros, el libro total en fin), hubiese regalado, a lo último, un libro en blanco, con el título "Poesía no escrita".
>
> Escribir poesía es aprender "a llegar" a no escribirla, a ser, después de la escritura, poeta antes de la escritura, poema en poeta, poeta verdadero en inmanencia consciente. ¡Qué belleza armoniosa y pacífica ese libro en blanco, en blanco voluntario, respetado blanco final, con silencio de muerte y transfiguración!
>
> Los que hubiesen leído mi obra poética, yo mismo, contemplando ese libro en blanco, sorprenderíamos, sin duda, en sus páginas sin nada fijo y con todo en onda, una completa poesía suprema, una síntesis de combinaciones poéticas, clave de toda mi obra escrita y superior en absoluto a ella, un yo sobre el yo mío.
>
> Y esa sería la "utilidad bella", el "destino verdadero" de mi obra, mío, de mi vida.

Marcan, desde luego, una extraña aspiración del poeta, que estima, como obra suprema, no la obra hecha (de acuerdo con la etimología misma de la palabra poesía) sino el puro sentimiento de ella, incomunicable, como no sea a través de la palabra del poeta. No aceptaría, de seguro, Juan Ramón Jiménez, las divagaciones de los posibles contempladores de las páginas blancas de su tomo 6, como legítima sugestión suya, ni hay que desear que someta a sus aficionados a tal prueba, aun sin comprobación posible. Si la poesía expresa y cuajada en conceptos puede no satisfacer al poeta mismo, y así lo hemos visto, mejor que en nadie, en Juan Ramón Jiménez, a través de sus correcciones, ¿qué tendría que ver lo que otro pensara, o soñara, ante las hojas blancas del volumen no escrito, con la íntima esencia de una poesía tan severa consigo y tan vigilante en cuanto a lo contingente de la letra? o ¿en qué aventajaría al margen de lo impreso o a la meditación a libro cerrado, después de una lectura devota?

IX
La obra de Juan Ramón Jiménez

Para completar el capítulo títulado Proyectos pedí al poeta noticia de los que tuviese en vías de realización más próxima. Su contestación, que tardó unos meses en llegar por las razones que en ella se explican, constituye un documento interesantísimo, que reproduzco a continuación, debidamente autorizado, sin suprimir nada en ella, ni siquiera algunos párrafos o conceptos de carácter íntimo:

Washington, 6 agosto, 43.

Sr. D. Enrique Díez-Canedo,
    México.

Querido Enrique:
en enero pasado, me escribió usted una carta muy cariñosa, anunciándome un cursillo de conferencias sobre mí en la Universidad de México y pidiéndome detalles de "mis actividades recientes y proyectos de realización inmediata" para complementar dichas conferencias. El cursillo me lo refería usted en este orden:
1. La España poética de Rubén Darío en 1892 y 1898. J. R. J. y el Modernismo.
2 y 3. J. R. J. en su poesía esencial.
4. La prosa se hace poesía.
5. J. R. J. crítico de sí mismo y de los demás.
6. J. R. J. y sus resonancias.

Yo recibí esta carta en Washington, adonde nos hemos mudado definitivamente de Coral Gables, reexpedida de aquel correo, con retraso. Mis papeles no me llegaron de Miami hasta hace dos meses. Antes de recibirlos, Julio Jiménez Rueda me dijo aquí en nuestra casa que las conferencias estaban ya dadas. Todo esto le explicará a usted por qué yo no contesté entonces una carta tan llena de amistad, exactitud e ilusión de complemento.

Hoy la contesto, y si estas notas no le sirven ya para su cursillo, a mí me gusta dárselas para cumplir con usted y conmigo, tarde como siempre.

Cuando salimos de España en 1936, yo dejé en Madrid el trabajo escrito de toda mi vida. Aquel año, la Editorial Signo había empezado a publicar mi obra completa en 21 volúmenes, ordenados por formas, 7 de verso, 7 de prosa y 7 más de Apéndices. El primero, "Canción", salió aquella primavera. Nuestra guerra fatal, con toda su necesidad y su obligación, me borró aquel trabajo.

Desde estas Américas, empecé a verme, y a ver lo demás, y a los demás, en los días de España; desde fuera y lejos, en el mismo tiempo y el mismo espacio. Se produjo en mí un cambio profundo, algo parecido al que tuve cuando vine en 1916. Más que nunca necesitaba la espresión sencilla, en que creo haber escrito lo menos deleznable de mi obra, que tantas veces se me ha complicado con ese vicio barroco que es la locura última de toda la literatura española, como el purismo es la tontería final de toda la francesa.

Queriendo esplicarme a mí mismo, dividí todo mi trabajo, parte que pude rehacer por aquí y parte en mi imajinación, en tres porciones: la primera, con lo que corresponde a lo que yo considero más cercano, en lo que yo he podido conseguir, a lo que supongo que es la poesía; la segunda, con lo más retórico, compuesto, literario; la tercera, con el resto insuficiente, pero histórico, de las dos. Los títulos de estas series serían: "¿Poesía? en verso y prosa", "Literatura en verso y prosa" y "Resto doble". Todo ello, una mitad de lo que he escrito, puesto que hay mucho perdido en Madrid y fuera de mi memoria, compone dos volúmenes de unas 1 500 páginas cada uno. La Editorial Losada quiere dar primero una colección escojida de ellos.

En la Florida empecé a escribir otra vez en verso. Antes, por Puerto Rico y Cuba, había escrito casi exclusivamente crítica y conferencias. Una madrugada, me encontré escribiendo unos romances y unas canciones que eran un retorno a mi primera juventud, una inocencia última, un final lójico de mi última escritura sucesiva en España. La Florida es, como usted sabe, un arrecife absolutamente llano y, por lo tanto, su espacio atmosférico es y se siente inmensamente inmenso. Pues en 1941, saliendo yo; casi nuevo, resucitado casi, del hospital de la Universidad de Miami (adonde me llevó un médico de éstos de aquí, para quienes el enfermo es un número y lo consideran por vísceras aisladas) una embriaguez rapsódica, una fuga incontenible empezó a dictarme un poema de espacio, en una sola interminable estrofa de verso libre mayor. Y al lado de este poema y paralelo a él, como me ocurre siempre, vino a mi lápiz un interminable párrafo en prosa, dictado por la estensión lisa de La Florida, y que es una escritura de tiempo, fusión memorial de ideolojía y anécdota, sin orden cronolójico; como una tira sin fin desliada hacia atrás en mi vida. Estos libros se titulan, el primero, "Espacio", el segundo "Tiempo", y se subtitulan "Estrofa" y "Párrafo".

Mis cursos y conferencias de los años 40, 41 y 42 en las Universidades de Miami y Duke, me han ido trayendo un libro mayor, "El Modernismo", con el subtítulo "Época". Es el intento de una visión total y verdadera de este gran movimiento, mezcla de verdad y mentira; verdad que, salvada de la mentira, integra para mí toda la poesía y la literatura mejor españolas e hispanoamericanas de lo que va de siglo, y que durará, a mi modo de ver, lo que dura siempre una gran época poética o científica, un siglo, tres jeneraciones: iniciación, plenitud y decadencia. Modernismo es, creo yo, el siglo XX español y universal, como Romanticismo fue el siglo XIX, Neoclasicismo el XVIII, Barroquismo el XVII y Humanismo el XVI. Y considero el Modernismo como un nuevo Renacimiento humanista.

Otro libro mayor, que trabajo hace años, es una "Vida", en la que hablo de mi obra, de mí, y mucho de lo circundante. Este libro va muy adelantado y pronto empezaré a publicar fragmentos de él en las revistas. Sigo también con mi "Poesía mejor española", colección empezada en España por el año 20, escojida de lo que prefiero, prosa y verso, de mis lecturas españolas desde la Edad Media hasta hoy, incluyendo lo popular de cada tiempo, como precedente o consecuencia, según los casos.

Hasta aquí mi obra principal. Al marjen de ella, y de mi constante "diario poético", preparo ahora una serie larga de lecturas para el Radio. Son y las he agrupado bajo dos títulos: "El Modernismo español e hispanoamericano" y "Calidad poética de los Estados Unidos". El título jeneral del ciclo es "Alerta", y el tema envolvente "Aristocracia de intemperie". No es propaganda política interamericana, sino crítica jeneral correspondiente.

Voy a empezar inmediatamente con Losada la publicación de 14 libros, que recojen lo que he podido reunir por aquí de mis escritos, y que están ordenados con arreglo al anuncio que publiqué en "Canción". Otros libros más recientes irán también saliendo cuando sea posible, entre ellos, "Política poética" y "Guerra en España".

Para lo final, vengo arreglando todos mis escritos en tomos grandes, así: "Verso", "Prosa", "Traducción", "Vida", "Época", "Poesía mejor española", "Complemento",* "Cartas" y "Archivo".

Trabajo desde el amanecer, y con esa fuga, ritmo vejetativo, que siempre me ha obligado a ir de un lado a otro por mi obra, intentando mucho a un tiempo y, como consecuencia, mucho en instante, eso que tanto se me censura.

Ahora, cuénteme usted, tan largo como yo, su trabajo en ese México siempre impresionante. Me gustaría mucho conocer las conferencias suyas sobre mí, de las que ya sé que tendrán la austera justeza sin estremo innecesario, que siempre he admirado y que harían de usted, como lo vengo diciendo hace veinte años, el historiador más competente y sereno de la literatura contemporánea española jeneral. ¿Por qué no se pone a la obra?

Gracias por todo. Le abraza con el cariño de siempre,

Juan Ramón.

(Y abrazos a todos los suyos.)

El público ha podido conocer ya algo de su obra en marcha, principalmente, en lo tocante a la poesía, por un largo poema titulado "Espacio (una estrofa)" que, con la indicación de Fragmento 1º, ha publicado la revista de México *Cuadernos Americanos*, en su número de septiembre-octubre de 1943, páginas 191 a 205. Márcase en este poema una magnífi-

* "Complemento" incluye sintéticamente, en forma de índice anotado, todas las ordenaciones anteriores de mi obra.

ca plenitud: muy distinta al pronto de la poesía primera, como si se abriese una nueva etapa en la poética de Juan Ramón Jiménez:

> Pero toda mi vida he acariciado la idea de un poema seguido (¿cuántos milímetros, metros, kilómetros?) sin asunto concreto, sostenido sólo por la sorpresa, el ritmo, el hallazgo, la luz, la ilusión sucesivas, es decir, por sus elementos intrínsecos, por su ausencia… Lo que esta escritura sea ha venido libre a mi conciencia poética y a mi espresión relativa a su debido tiempo como una respuesta formada de la misma esencia de mi pregunta o, más bien, del ansia mía de buena parte de mi vida, por esta creación sin enlace.

No he de analizar el "fragmento", ni menos fragmentarlo para reproducir algún trozo; pero creo derivado del mismo impulso de inspiración y obediente a igual técnica otro poema muy breve, fechado en Washington 1943, y publicado en la revista habanera *Nadie parecía* (n° VIII, agosto de 1943), con el título de "Volcán errante". Permítaseme esta última cita:

> Volcán que pasas traslaticio,
> como un total cometa,
> prendiendo con la llama
> de tu abismo dinámico la vida
> (las piedras están grises y mojadas,
> pero están granas, vivamente granas)
> resplandor hondo y alto de otro estraño día
> dentro del laminado día
> ¿qué inminente ser eres?
> ¿hay palabra que pueda ser tu nombre?
> ¿qué semejanza tienes con nosotros?
> Lo que prendes e inflamas.
> ¿Qué anuncia a nuestra estancia
> vejetal, animal y mineral?
> ¿Cuál será el hecho, para quiénes?
> Los animales y las plantas
> te miran como el hombre, como yo,

Todos estamos gravemente deslumbrados.
Y ya se raja el aire,
se dilata el azul, se espande el agua;
todo va persiguiéndote hacia arriba,
todo hacia a ti,
resplandor grana de otro día,
errante herida inmensa,
otro fulgor, otro calor, otro valor
de otra esperanza.

La poesía de Juan Ramón Jiménez en éstas sus manifestaciones más recientes parece muy alejada de aquellos jardines de antaño, libre en la amplitud inmensa del mundo, más a tono con los nuevos horizontes de la vida, con todo el ancho del camino que lleva de Moguer a Washington.

A la vez su crítica de los demás toma nuevas perspectivas. Conocida es su posición contradictoria a la de algunos poetas modernos, singularmente a la de Pablo Neruda (de la que, en páginas anteriores queda señal en un adjetivo violento). Pues bien: una comunicación suya titulada "¿América sombría?", enderezada al novelista mexicano José Revueltas y publicada en el *Repertorio Americano* de San José de Costa Rica (14 de agosto de 1943) nos deja ver no un cambio de opinión del "andaluz universal siempre",

ni mucho menos: Si yo no acepto del todo esa grasa amorfa elefantiásica de la escritura de Pablo Neruda y deploro en muchas ocasiones sus regodeos y complacencias vitales o estéticas, es porque pienso que el hombre, indio, mestizo, español, lo que sea, debe salvarse del caos de que viene y en que viene cuando nace, despegarse y tirar al infinito la placenta por la que estuvo pegado a la matriz nebulosa, cuya sustancia ya tiene dijerida y asimilada, y obrar libremente, por cuenta propia, no como víctima de la nebulosa.

Tacha a Neruda de incompleto, de falto de amor, sin considerarle sólo imperfecto. "Yo no creo en la perfección, creería en la 'perfección sucesiva imposible' como en la 'posible sucesiva imperfección';" y añade:

En este momento tengo más labor escrita que nunca. Si yo me considerara perfecto, es decir, estéril por acabamiento perfecto, para mí o para los otros, cortaría mi vida de su libertad. Por fortuna, siempre me he salvado, por los otros, cada diez años, de mí mismo. Sí, me gusta el orden, el orden anterior y posterior a la creación. Ordenar no es terminar, es empezar. La libertad de ordenar es libertar y libertarnos, salvar y salvarnos. Libertarnos y salvarnos de nosotros mismos, civilizados o indíjenas, según los casos. Un civilizado no puede ser "ya" indíjena, pero un indíjena puede ser siempre civilizado. ¿Y por qué un indíjena no puede salvar y salvarse, libertar y libertarse; no puede ser completo y consecuente salirse del pantano y de la sombra? ¿O es que queremos al indio como un espectáculo detenido, estancado en su mal momento, el indio sufrido sólo por él y gozado sólo por los otros, por nosotros?

Todo esto viene después de una declaración: "Trato de Pablo Neruda muy a gusto porque hay en él una rica sustancia poética informe, plástica o plasta humana."

Lo que reprende, pues, Juan Ramón Jiménez, es la permanencia en algo que considera caótico, la falta de esfuerzo para desprenderse de esa masa informe, para ser "ordenador foráneo del caos paternal y maternal". Ordenador, es decir, creador constante, como Dios en los días que siguieron al "fiat", sin descansar en una perfección como la tan decantada en ciertos poetas antiguos y modernos. Juan Ramón Jiménez se nos da aquí en la medida de su constante aspiración a superarse, clave segura de su gran personalidad poética.

Bibliografía de J. R. J.
(Primeras ediciones)

Almas de violeta. Atrio de Francisco Villaespesa. Madrid, MCM. (Retrato fotográfico del autor.) Tipografía Moderna.

Ninfeas. Atrio de Rubén Darío. Madrid, MCM. (En la cubierta, carátula por Ricardo Baroja.) Tipografía Moderna. "Colección Lux, II (Extraordinario)".

Rimas. Librería de Fernando Fe. 1902 (Est. tip. de Idamor Moreno).

Arias tristes. Arias otoñales. Nocturnos. Recuerdos sentimentales. Madrid. Librería de Fernando Fe. 1903. (Est. tip. de Ambrosio Pérez y Cía.).

Jardines lejanos. Jardines galantes. Jardines místicos. Jardines dolientes. Madrid, Librería de Fernando de Fe. 1904 (Tip. de la "Revista de Archivos").

Elegías, I. *Elegías puras*. Madrid, 1908 (Tip. de la "Revista de Archivos").

Elegías, II. *Elegías intermedias*, 1908. Madrid, 1909. (Tip. de la "Revista de Archivos").

Olvidanzas, I. *Las hojas verdes*, 1906. Madrid, 1909 (Tip. de la "Revista de Archivos").

Elegías, III. *Elegías lamentables*. Madrid, 1910 (Tip. de la "Revista de Archivos").

Baladas de Primavera. Baladas de Primavera, 1907. Madrid, 1910 (Tip. de la "Revista de Archivos").

La soledad sonora. La soledad sonora. La flauta y el arroyo. Rosas de cada día, 1908. Madrid, 1911. (Tip. de la "Revista de Archivos").

Pastorales. La tristeza del campo. El valle. La estrella del pastor, 1905. Madrid, Biblioteca Renacimiento, 1911. (Est. tipográfico editorial. Pontejos 8).

Poemas mágicos y dolientes. Poemas mágicos y dolientes. Ruinas. Francina en el jardín. Marinas de ensueño. Estampas. Perfume y nostalgia, 1909. Madrid, 1911 ("Revista de Archivos").

Melancolía. En el tren. El alma encendida. La voz velada. Tercetos melancólicos. Hoy. Tenebrae, 1910-1911. Madrid, 1912 ("Revista de Archivos").

Laberinto. Voz de seda. Tesoro. Variaciones inefables. La amistad. Sentimientos musicales. Nevermore. Flor de jazmín, 1910-1911. Madrid, Renacimiento, 1913. (Est. tip. Editorial).

Platero y yo. Biblioteca "Juventud". Madrid, 1914. Ediciones de La Lectura.

Vidas de hombres ilustres, por Romain Rolland. I. *Vida de Beethoven*. Traducción de Juan Ramón Jiménez. Con unas palabras de Romain Rolland a la Residencia de Estudiantes. Publicaciones de la Residencia de Estudiantes.

Serie III. Vol. 1. Madrid, 1915. (Imp. Clásica Española.) Desde este libro, el poeta firma no ya Juan R. Jiménez, como en los anteriores, sino Juan Ramón Jiménez.

Obras de Juan Ramón Jiménez. *Estío* (1915) Primera edición. Casa editorial Calleja, Madrid, 1916. (Imp. de Fortanet).

Poesías escojidas (1899-1917) de Juan Ramón Jiménez. The Hispanic Society of America. Nueva York, 1917. (Madrid, Fortanet).

Obras de Juan Ramón Jiménez. *Platero y yo* (1907-1916). Primera edición completa. Casa edit. Calleja. Madrid, 1917. (Imp. Fortanet).

Obras de Juan Ramón Jiménez. *Sonetos espirituales* (1914-1915). Primera edición. Casa edit. Calleja. Madrid, 1917. (Imp. Fortanet).

Obras de Juan Ramón Jiménez. *Diario de un poeta recién casado* (1916). Primera edición. Casa edit. Calleja. Madrid, 1917. (Imp. Fortanet).

Obras de Juan Ramón Jiménez. *Eternidades.* Verso (1916-1917). Primera edición. Madrid, 1918 (Tip. Lit. de Ángel Alcoy, S. en C.).

Obras de Juan Ramón Jiménez. *Piedra y cielo.* Verso (1917-1918). Primera edición. Madrid, 1919 (Est. tip. de Fortanet).

El Jirasol y la Espada. I. John M. Synge. *Jinetes hacia el mar.* (Madrid, 1920. Imp. Fortanet) Trad. de Zenobia Camprubí Aymar y J. R. J.

Segunda antolojía poética (1898-1918). Calpe. Madrid-Barcelona (Madrid) MCMXX ("Colección Universal", núms. 688 a 691) La cubierta indica, como fecha, Madrid, 1922. La breve introducción "Sencillo y espontáneo", en forma de carta a D. Manuel G. Morente, director de la Colección.

Poesía (en verso) (1917-1923). Juan Ramón Jiménez y Zenobia Camprubí de Jiménez, editores de su propia y sola obra. Madrid, 1923 ("Talleres Poligráficos").

Belleza (en verso) (1917-1923). Juan Ramón Jiménez y Zenobia Camprubí de Jiménez, editores de su propia y sola obra. Madrid, 1923. ("Talleres Poligráficos").

Unidad (1926). (León Sánchez Cuesta, librero, Madrid). 8 cuadernos.

Obra en marcha. (Diario poético de J. R. J.) España, sin día, 1928. León Sánchez Cuesta, librero. Madrid. París. (Suplemento, en la edición privada: J. R. J. (1927) por Juan Bonafé, retrato reproducido en colores). Un pliego de 4 pgs.

Sucesión. 1896. 19xx. 1932. 8 pliegos de 4 pgs.

Poesía en prosa y verso (1902-1932) de Juan Ramón Jiménez, escojida para los niños por Zenobia Camprubí Aymar. Signo, Madrid, 1932 (Talleres gráficos Herrera).

Presente. J. R. J. (S. Aguirre, imp., 1934, Madrid). 20 cuadernos.

I. (hojas nuevas, prosa y verso, 1935). Son 20 hojas. *Canción* (como nombre de autor, sólo las tres iniciales J. R. J.) Signo, Madrid (S. Aguirre, imp., 1936.)

Política poética. Ministerio de Instrucción Pública y Bellas Artes. Instituto del Libro Español. (Imp. de S. Aguirre, Madrid, 1936.) Conferencia leída en el Auditorium de la Residencia de Estudiantes, de Madrid, el 15 de junio de 1936.

Verso y prosa para niños. Con un prólogo del poeta, y siete dibujos y un mensaje de los niños de Puerto Rico. Edición exclusiva para las escuelas de Puerto Rico. Puerto Rico, 1936 (Selección, notas preliminares, apuntes biográficos y críticos, vocabulario y notas finales de Carmen Gómez Tejera y Juan Asencio Álvarez-Torre). (Cultural, S. A., La Habana, 1937).

Rabindranaz Tagor. *Verso y prosa para niños.* Con dos poemas de J. R. J. y nueve ilustraciones de artistas indios. Edición exclusiva para las escuelas de Puerto Rico. Puerto Rico, 1937 (Selección, notas preliminares, apuntes biográficos y críticos, vocabulario y notas finales de Carmen Gómez Tejera y Juan Asencio Álvarez-Torre.) (Cultural, S. A., La Habana, 1937).*

* Faltan para que esta bibliografía esté completa las obras de Rabindranath Tagore (cuyo nombre escribió después el poeta en forma aproximada fonéticamente a la pronunciación española) publicadas en colaboración con su esposa Zenobia Camprubí. Me es hoy imposible reconstruirla, pero aquí van los títulos de los volúmenes publicados, en muchos de los cuales hay poemas originales de J. R. J., alusivos al espíritu de la obra traducida:

La luna nueva —poemas de niños—.

El jardinero —poemas de amor y vida—.

Ofrenda lírica (Yitanyali) —poemas—.

La cosecha —poemas—.

Pájaros perdidos —sentimientos—.

Regalo de amante —poemas—.

Tránsito —poemas—.

La Fujitiva —poemas— (libros 1 y 2).

El cartero del rey —poema dramático—.

El asceta (Sanyasi) —poema dramático—.

El rey y la reina —poema dramático—.

Malini —poema dramático—.

Chitra —poema lírico—.

Ciclo de la Primavera —comedia lírica—.

El rey del salón oscuro —poema dramático—.

Sacrificio —poema dramático—.

La poesía cubana en 1936 (Colección). Prólogo y apéndice de Juan Ramón
Jiménez. Comentario final de José Mª Chacón y Calvo. Institución
Hispanocubana de Cultura. La Habana, 1937 (B. Fernández y Cía., S. en
C., impresores.).

University of Miami Hispanic-American Studies, número 2 (1941?) (Tres tiradas
aparte del volumen así titulado con los estudios de J. R. J. "Poesía y literatura", pp. 75-92; "Aristocracia y Democracia", pp. 93-107; "Ramón del
Valle Inclán [Castillo de quema] 1899-1925", pp. 108-118.)

*Españoles de tres mundos. Viejo Mundo, Nuevo Mundo, Otro Mundo. (Caricatura
lírica.) (1914-1940).* Editorial Losada, S. A., Buenos Aires (Imp. López,
1942).

Sabido es que J. R. J. fue espíritu principal en las revistas *Helios* e *Índice*,
ambas de Madrid. Sus colaboraciones más importantes son las de las revistas y
periódicos *España, El Sol, La Gaceta Literaria,* todos de Madrid, *La Revista
Cubana,* de la Habana, *Sur,* de Buenos Aires, *El Repertorio Americano,* de San
José, Costa Rica, y últimamente *Letras de México, Tierra Nueva, Rueca, Cuadernos
Americanos* y *El Hijo Pródigo,* de México. Palabras de J. R. J. figuran también en
diversos libros, a manera de prólogos o presentaciones, sobre todo en obras de
poetas jóvenes, o de comentario, como el que acompaña a las *Cartas a Platero,*
de Paulita Brook (México, 1943). Pero en las circunstancias actuales tampoco
estamos en disposición de registrarlos todos.

Las piedras hambrientas —y otros cuentos— (Libros 1 y 2).
Masi —y otros cuentos—.
La hermana mayor —y otros cuentos—.
Morada de paz (Santiniketan). La escuela de Rabindranath Tagore en Bolpur.
[Relación tomada de una lista de títulos y precios de León Sánchez Cuesta de 1936. (N. del E.)]

ÍNDICE DE NOMBRES Y OBRAS CITADOS

CORRESPONDENCIA
JUAN RAMÓN JIMÉNEZ / ENRIQUE DÍEZ-CANEDO
(1907-1944)

Las cartas van numeradas con un número centrado, entre corchetes.

Las fechas de las cartas se mantienen tal como aparecen en los originales. Es sabido que Juan Ramón Jiménez no fechaba sus cartas, sobre todo las primeras ("entre 1902 y 1916 Juan Ramón casi nunca databa sus cartas", escribe Alegre en su *Introducción*, p. XLVI). En estos casos, las fechas aparecen entre corchetes; he seguido el criterio para el fechamiento de Alfonso Alegre en su edición del *Epistolario I, 1898-1916*, de J. R. J. Se anota también entre corchetes si se trata de una postal, si el papel usado contiene algún sello, logotipo o membrete y en alguna ocasión algún dato que aparece en el sobre de la carta. Generalmente, cuando se trata de notas (no propiamente cartas) escritas en la misma ciudad, las fechas aparecen al final de la nota.

He contado con la transcripción de la edición de 2006 ya mencionada pero he hecho la mía propia, por lo que puede encontrarse alguna pequeña diferencia entre ambas. Se mantienen las abreviaturas, que son pocas: Tip. = tipografía; U. = usted; R.O. = Real Orden; Antº = antología; S.C. = su casa; I.P. = Instrucción Pública; B. del C. = Biblioteca del Congreso, así como las siglas de los nombres propios, cuando estos aparecen así, incluyendo las de los propios E. D.-C. y J. R. o J. R. J.

Los títulos de los libros mencionados en las cartas, que generalmente aparecen entrecomillados o subrayados, aparecen aquí en cursivas, y en el uso de las mayúsculas (en los documentos originales en cada palabra del título) se sigue el criterio moderno usual.

Notas: he consultado y utilizado las notas de Alfonso Alegre de la edición del *Epistolario I, 1898-1916* cuando aportan datos relevantes. Entre paréntesis aparece la referencia a la edición del *Epistolario I*: número de la carta, número de la nota y número de página.

La mayoría de las cartas de Enrique Díez-Canedo aquí transcritas proceden de la Sala Zenobia y Juan Ramón Jiménez de la Universidad de Puerto Rico. Las que se encuentran el Archivo Hisórico Nacional de Madrid se indican en notas al pie. Todas las cartas de Juan Ramón Jiménez se encuentran en el archivo de Díez-Canedo en México.

[1]

[Moguer. Diciembre, 1907]
[En el sobre: Sr. don Enrique Díez-Canedo. Redacción de *Renacimiento*. Velázquez 76. Madrid]

Querido amigo: he tenido el gusto de recibir el ejemplar que usted tan bondadosamente me envía, de su libro *Del cercado ajeno*.[1] Usted sabe —y no necesita que yo se lo diga— que sus traducciones son bellísimas. No hay nada como tener conciencia de lo que se hace. Sin embargo, me atrevo a felicitar a usted por algunas de sus versiones: "¡Hidalgo!" de Corbière, "Un sueño en el valle" de Rimbaud, las poesías de Guérin; que me parecen extraordinarias.

Sé que ha publicado usted algún otro libro recientemente, y por lo que conozco, lo supongo muy bello. Gracias por su recuerdo. Y usted sabe que le admira y le quiere ya su

J. R. Jiménez

[2]

Sr. D. Juan R. Jiménez.

Muy estimado amigo: Le agradezco mucho su amable carta. Me complace que sean de su agrado las traducciones de Guérin[2] porque son de

---

[1] Enrique Díez-Canedo. *Del cercado ajeno. Versiones poéticas*. Madrid: Pérez de Villavicencio, 1907. (Primera antología de poesía traducida por E. D.-C.)

[2] Charles Guérin (1873-1907). Poemas de Guérin traducidos por Díez-Canedo en *Del cercado ajeno*: "Yo quisiera ser hombre", "Entre mi ensueño y tú", "Abríase la noche", "El ámbar, las espigas", "Campanas. Es el día". En *La poesía francesa moderna* (Madrid: Renacimiento, 1913) se incluyen estas mismas traducciones pero con los títulos en francés: "Je voudrais être un homme", "J'écris; entre mon rêve et toi…", "Des cloches. C'est le jour de pâques…", "Ma fenêtre était large ouverte", "L'ambre, le seigle mur…".

las que con más amor he hecho. Creo que Guérin ha de ser tenido muy pronto por uno de los mayores poetas de Francia. De cuantos poetas he conocido recientemente, es acaso el que más fuerte impresión me ha hecho.

Ayer le he enviado a U. un ejemplar de mi nuevo libro *La visita del sol*.[3] Ha estado más de dos meses en una mala imprenta, de la que ha salido, mi pobre criatura, muy mal ataviada. Tal como está de todo corazón se la ofrezco.

Los últimos versos de U. que he leído, las elegías en especial, me han encantado. Son de una pureza, de una suavidad, de una concentración (perdone lo feo de la palabra) de sentimiento, admirables. ¿Cuándo las va a publicar en tomo? Yo tengo toda su obra, desde *Almas de violeta*. Después de sus notas autobiográficas publicadas en *Renacimiento*[4] la veo clara, armónica como ninguna otra de nuestros poetas. Está libre de todas las pequeñeces de la vida diaria y rebosante de una intensa vida interior.

Estoy orgulloso de que me considere ya como su amigo. Lo soy hace tiempo, y al afirmárselo hoy, cordialmente le estrecho las manos.

Enrique Díez-Canedo
Madrid 6.XII.907
Su casa, Ventura Rodríguez, 4.

[3]

Moguer [fines de diciembre de 1907]

Querido amigo: he esperado inútilmente *La visita del sol*. ¿Certificó usted el paquete? No me prive del gusto de su libro. Como usted, admiro mucho

---

[3] E. Díez-Canedo. *La visita del sol*. Madrid: Imprenta Gutenberg-Castro, 1907.

[4] Juan Ramón Jiménez. "Habla el poeta". *Renacimiento*, núm. VIII, Madrid, octubre de 1907, pp. 422-426. Sobre otros colaboradores en este número véase el cap. III, "Primera plenitud", de *Juan Ramón Jiménez en su obra*, p. 41.

a Guérin; en pocos poetas contemporáneos se encuentra un sentimiento tan hondo como esta sensualidad triste y fuerte que resplandece en la obra del nuevo lamartiniano. Y ahora que hablamos de un Guérin, ¿recuerda usted algo tan intenso, tan böckliniano, tan antiguo, como la prosa del otro, de Maurice? He leído poco que me haya hecho una impresión tan violenta, tan continua, como ese *Centaure* y esa *Bachante* del hermano de Eugénie.

Me habla usted de mis versos. Tengo muchos, todo lo que indico en *Renacimiento*;[5] pero mi salud es mala y no sé si podré llegar a ver esos libros impresos.

Hoy daría algo por un puñado de fuerza. Tengo un verdadero placer, un gusto especial en ser amigo de usted. Su personalidad me es en extremo simpática y hay, además, sobre su obra el sentido de la pintura y el de la música. Todo esto me une a usted y me hace desear que esta amistad que empieza se haga muy estrecha y muy llena de belleza.

Su

J. R. Jiménez

No haga caso de mi tardanza en contestarle, y escríbame con frecuencia. Ya sabe usted que estoy enfermo.

[4]

[Logotipo: Madrid. Ateneo Científico, Literario y Artístico] 16.VII-908.

Sr. D. Juan R. Jiménez.

Mi querido poeta: No crea que le he olvidado en tanto tiempo. El género epistolar es el que más trabajo me cuesta, como a la mayor parte de los

---

⁵ *Renacimiento*, núm. VII, Madrid, septiembre de 1907. Juan Ramón hace aquí una relación de sus obras publicadas e incluye también las inéditas acabadas en una sección titulada "Terminadas en manuscrito". En ella cita las siguientes obras: *Palabras románticas*: Palabras románticas, Otras palabras románticas, Otras palabras románticas, prosa. —*Pastorales*: La tristeza del campo, El valle, la estrella del pastor.—*Olvidanzas*: Las hojas

españoles. Pero si no le escribo, no es que deje de recordar al poeta leído tantas veces y admirado siempre, con una admiración afectuosa, que no se puede tener más que por obras como la suya, que por ser todo sensibilidad nos hieren con frecuencia en lo vivo. Además que su cariñoso comportamiento para conmigo me hacen contarle siempre entre el número de los amigos verdaderos.

Tiene que perdonarme además si esta carta no es todo lo desinteresada que debiera ser; porque ocurre que, hablando hace unos días con Acebal,[6] salió el nombre de U., y como yo le dijera que tenía que escribirle, me dio el encargo de que le pidiera versos inéditos para uno de los próximos números de *La Lectura*, confiado en su amabilidad y en que seguramente tendrá algunos disponibles. Queda, pues, hecha la petición y espero que cuando envíe, a él o a mí, los versos, me dé permiso para quedarme con los autógrafos. Gracias mil por todo.

Quiero suponer que su salud es mejor. Estoy seguro de que no ha dejado de hacer versos y espero que pronto nos ofrecerá un nuevo libro. Gregorio Martínez Sierra,[7] que hoy me escribe desde Suiza, me dijo que se iban a imprimir sus *Pastorales*. Las muestras que él me hizo conocer, las que he visto impresas en *Renacimiento* y en *La Lectura*, me hacen

---

verdes, Las rosas de septiembre, El libro de los títulos, Versos accidentales.—Comentario sentimental: Prosa.—*Baladas de primavera*, Platero y yo, Otoño amarillo.—*Elegías*: Elegías puras, Elegías intermedias, Elegías lamentables. (JRJ. *Epistolario I*, carta 130, n. 95, p. 189).

[6] Francisco Acebal, fundador y director de *La Lectura. Revista de Ciencias y Artes* (1901-1920). En la revista colabora Díez-Canedo, publicando poesía y reseñas de libros por lo menos desde 1908.

[7] Gregorio Martínez Sierra (Madrid, 1881-1947). Probablemente Juan Ramón Jiménez lo conoció cuando llegó a Madrid en 1900. Dramaturgo modernista, conocido "comediógrafo" en palabras de la época, empresario teatral, novelista, posteriormente guionista de cine. Fundador de la revista *Renacimiento* en 1907 y después, en 1910, con José Ruiz Castillo, de la editorial Renacimiento y director literario de la colección Biblioteca Renacimiento. De él escribió Díez-Canedo: "Martínez Sierra, formado bajo el signo de Benavente, y en el culto del dramaturgo y pintor catalán Santiago Rusiñol, cuyas mejores comedias tradujo al castellano, así como obras de los contemporáneos franceses, Courteline, Tristan Bernard, Flers y Caillavet, etc., antes de que se iniciaran sus éxitos personales, ha seguido de cerca el desarrollo del teatro moderno y ha ejercido decisiva influencia en el español como director de un teatro en Madrid, el de Eslava, desde 1917 hasta 1925." (E. Díez-Canedo. *Panorama del teatro español desde 1914 hasta 1936*, en: *Artículos de crítica teatral. El teatro español de 1914 a 1936*, tomo I, pp. 28-29).

desearlo con avidez. Y sobre todo deseo el libro de las *Elegías*, que a juzgar también por las que conozco, han de ser una hermosura. He tratado mucho últimamente a Gregorio y a María. María[8] es una mujer de espíritu finísimo, que ve maravillosamente las cosas y abarca de un golpe de vista todos los matices. Es una mujer extraordinaria.

A U. sí que tengo deseos de conocerle. Le he visto muchas veces cuando estaba en Madrid y en el Teatro de la Comedia, cuando se representó en catalán *La alegría que pasa*, de Rusiñol, estuve casi a su lado. Dos amigos míos, Manolo Palacios y Rafael Leyda,[9] me han hablado siempre de U. con gran cariño. Rafael, que se casó hace poco más de un año y que tiene un chico pequeñísimo, está algo enfermo del pecho. Es como hermano mío; cuando estaba soltero, íbamos siempre juntos.

¿Qué quiere U. que le diga de mí? Tengo muchos proyectos, y entre ellos dos perfectamente definidos. El uno es una novela que se iba a llamar *La mujer y la serpiente* y no sé cómo se llamará. [10] El otro es un libro de versos que se ha de titular, probablemente, Breviario; será un libro íntimo, que se abrirá con una especie de autobiografía que publiqué hace poco; libro para una muchacha que tiene una divina mirada azul.

Voy a hacer un artículo para una revista italiana, La *Nuova Rassegna di Letterature Moderne* de Florencia, sobre los poetas españoles de hoy.[11] Me lo ha pedido un amigo mío, estudiante en Bolonia, que colabora en

[8] María de la O. Lejárraga, esposa y colaboradora literaria (novela y teatro) de Martínez Sierra.

[9] Rafael Leyda (1870-1916). Novelista y periodista español. Sáinz de Robles dice que su vida fue "efímera y singularísima". Modernista, compañero de González Blanco, Ramírez Ángel, García Martí… Publicó algunos artículos en *El Liberal* y en *Los Lunes del Imparcial*. Autor de novelas cortas publicadas en *El Cuento Semanal* y en *Los Contemporáneos*. Obras: *Valle de lágrimas* (1903); *Tirano amor* (1906); *Santificar las fiestas*, en *El Cuento Semanal*, núm. 33; *Los faldones de Mejía* (1908); *Veraneo sentimental*, en *Los Contemporáneos*, núm. 18; *Castillo en España*, en *Los Contemporáneos*, núm. 56; *Del acueducto al alcázar*, en *Los Contemporáneos*, núm. 81. (cf. Sáinz de Robles, Federico. *Ensayo de un Diccionario de la Literatura*, tomo II, Escritores españoles e hispanoamericanos. Madrid: Aguilar, 1973).

[10] No sabemos hasta ahora de ninguna novela escrita por Díez-Canedo. Se trata seguramente de un proyecto que no llegó a realizar.

[11] *Nuova Rassegna di Letterature Moderne*. Revista mensual. El artículo de Díez-Canedo debió salir en el número 11 o 12 de fines de 1908; no lo he podido localizar.

la parte española de aquella revista.[12] Hablaré, naturalmente, de U. con todo el cariño que le tengo. Lo he comenzado ya, pero se me aparece difícil y voy despacio. Ya haré que se lo envíen.

También he de hacer para *La Lectura*, para septiembre acaso, un artículo sobre los poetas jóvenes de Francia. Encuentro cosas muy hermosas en los libros de Larguier, Géraldy, Derennes, Despax, Bonnard etc. que estoy conociendo ahora. En todos ellos hay algo de nuestro gran Carlos Guérin, que crece de día en día. Me preguntaba U. si conocía a los otros Guérin, Mauricio y Eugenia; sí, los he leído enteros, guiado primeramente por Francis Jammes, y el *Centauro* y algunos fragmentos de Mauricio me encantan lo mismo que muchos trozos del diario y de las cartas de Eugenia, la muchacha que supo ser siempre muchacha, así como Mad. de Sevigné supo ser siempre mujer de talento.

Con lo que le he dicho, ya casi sabe U. toda mi vida de hoy. Aparte los trabajos prosaicos, los artículos hechos de prisa y corriendo para algún periódico, a esos libros que preparo tranquilamente, a esas lecturas, es a lo que se reduce. La música, que es lo que más me gusta en el mundo, me hace pasar muy buenas horas. Uno de mis íntimos amigos es músico de verdad, de los que tocan el piano para darse ante todo gusto a sí mismos, un virtuoso del corazón que son los únicos a quien se puede oír. Esta música privada me compensa de la falta de música grande, que aquí es tan escasa. Tengo muy vivo recuerdo de los tres conciertos de Ricardo Strauss, sobre todo de su interpretación de la quinta sinfonía, que a muchos les pareció excesiva, pero que yo guardo como una de las más fuertes emociones de mi vida—Y sobre todo estoy alegre por este dichoso sentimiento compartido a que antes aludí y que me hace encontrarlo todo hermoso y bueno.

Aquí tiene, mi querido gran poeta, lo que es hoy por hoy este rimador que muy de veras le quiere y admira.

Enrique Díez-Canedo
S.c. Ventura Rodríguez, 4.

[12] Gilberto Beccari y José Sánchez Rojas eran los responsables de la parte española de la revista. Agradezco esta información a Margarita Becedas González, directora de la Biblioteca General Histórica de la Universidad de Salamanca.

[5]

Moguer [18-19 julio, 1908]

Queridísimo poeta: su carta de ayer me ha dado mucha alegría; viene rebosante de alma y trae un perfume de amistad que no es de todos los días. Me extrañaba mucho no tener carta suya después de tan buen comienzo de cariño, pero ya veo que no me equivoqué cuando me hice la idea de su vida.

Los versos pª. Acebal irán mañana; desde luego puede usted disponer de los originales. Y gracias. Yo desearía que me enviase usted el número de *La Lectura* en que iban mis Pastorales. No sabía nada, ni cuales sean. Seguramente, Gregorio se las daría a Acebal.

Felicito a usted por todo. Tampoco yo dejo de trabajar; tengo terminados los libros que anoté en mis apuntes bibliográficos de *Renacimiento*; los tres últimos —*Olvidanzas, Baladas de primavera, Elegías*— no me tienen descontento. Las *Pastorales* están hace un año en poder de Gregorio, y para las Elegías he pedido presupuesto a la Tip. de Archivos. Quizá no dé ahora más que la tercera parte del libro, es decir, las *Elegías puras*. Mi salud es mala: pocas fuerzas y ninguna voluntad; además, la frente está sin seguridad y sin luz, de esta carta que le estoy escribiendo, no recuerdo ya las primeras líneas. Así, ya comprenderá usted que sólo se puede hacer una labor fragmentaria. Esta falta de energía me hace, además, ser corto e inconstante contra mi deseo que sería ordenar mi vida y mi arte. También tengo aquí amigos con una poca de música; nada nuevo; figúrese lo imposible que es oír aquí a Wagner, a César Franck, a Debussy ¡a R. Strauss! ¡Ni las interpretaciones de todo lo otro! Gregorio y María fueron mis verdaderos amigos —los incondicionales— de Madrid; hoy creo que me han olvidado un poco. Tiene usted razón al decir que María es extraordinaria; Gregorio es feliz. Me apena lo de Leyda. Dígale cosas cariñosas de mi parte, y también a Palacios. Escríbame. Yo tengo un verdadero gusto en ser su amigo. Me parece que es usted, como yo, un poeta puro, sin periodismo, retirado y sereno. Por eso hoy, en la primera página de mis *Elegías* he escrito: A Enrique Díez-Canedo.[13]

Su J.R. Jiménez

[13] La dedicatoria de *Elegías puras* dice: "A Enrique Díez-Canedo, poeta sin mancha".

[6]

[Logotipo: Madrid. Ateneo Científico, Literario y Artístico] 27-VII-908

Muy querido amigo mío: Su bondad es tan grande que no sé cómo darle las gracias. Primero su carta amabilísima, llena de la buena amistad que yo quiero y que —yo se lo aseguro— merezco perfectamente y enseguida los versos, que me han parecido hermosísimos, en punto de perfección. Los he llevado a *La Lectura* y Acebal me encarga también que le dé las gracias. Yo corregiré las pruebas.

Lo que me conmueve de veras es el recuerdo de mi nombre al frente de sus *Elegías puras* que tanto me agradan y que ahora serán aún más mías. ¿Cómo podré yo corresponder a su delicadeza, si no es con una buena e inalterable amistad?

He dado sus recuerdos a Leyda. Ahora está mejor. Se dispone a pasar el resto del verano en la sierra de Cáceres cerca de la familia de su mujer. Palacios creo que está en Sevilla.

Al hablarme de música me cita U. un nombre que se hace cada día más grande en mi espíritu: el de Cesar Franck. Estoy conociéndolo ahora casi completamente. Un amigo mío que después de tocar maravillosamente el piano se ha puesto a aprender el órgano, nos ha hecho conocer sus obras de este género, que son de una altura y de una espiritualidad no igualadas desde Bach. Las transcripciones apenas dan idea de la riqueza de estas obras escritas para órgano.

Le dejo, prometiéndome escribirle con gran frecuencia. Tengo un gran placer en poderme llamar su amigo.

Enrique Díez-Canedo

Junto al pupitre en que le escribo hay un íntimo amigo mío que me complazco en presentarle dejándole la palabra:

[Con distinta letra]: Sí, poeta muy querido: desde hace mucho tiempo tenía deseos de saludarle y de ofrecerle mi amistad con todo el encanto con que usted nos da sus versos.

Yo también escribo: pero yo no soy más que un aprendiz a quien usted no conocerá, o tal vez sí, porque publiqué unas cosas en *Renacimiento*.

Con Gregorio y con María he hablado mucho de usted. Y me han hablado de usted en muchos sitios. Sus *Arias tristes* y sus *Jardines lejanos* son como un ideal.

Adiós: es muy suyo

Federico García Sanchíz [*sic*][14]
s/c Príncipe 3-3°: El Ateneo

[7]

[Matasellos en el sobre: Moguer, 6 de agosto de 1908]

Querido poeta: recibí su carta y el número de *La Lectura* que tiene mis "Pastorales";[15] yo no hubiera dado esas tres, ni en esa forma; Gregorio ha andado deprisa. Agradeceré mucho a usted, mi querido amigo, que cuide bien las "Elegías puras",[16] pues estas "Pastorales" vienen llenas de erratas. Sus cartas son siempre mariposas blancas: y perdón! por el lirismo. Aún no he tenido contestación de la Tip. de Archivos; yo quisiera dar las *Elegías puras* para septiembre; así, cuando usted pase por la calle de las Infantas, ¿quiere hacerme el favor de preguntar si han recibido mi carta? Dispénseme esa molestia; pero como Gregorio no está ahí, no quiero dársela más que a usted. Hábleme de sus cosas íntimas; ¿tuvo mucho *éxito exterior* su libro? Yo hago mis libros para diez o doce personas. Le enviaré algo, de vez en cuando, para *La Lectura*: cosas mías y alguna traducción. Usted, envíeme lo que haga. Escribí a García Sanchiz, a quien admiraba desde sus "Romances" de *Renacimiento*.

Acuérdese de su amigo:

J.R. Jiménez

[14] Federico García Sanchiz (Valencia, 1886-Madrid, 1964). Literato y conferencista español, autor de novelas cortas publicadas en *El Cuento Semanal, Los Contemporáneos, La Novela Corta*, entre otras.

[15] "Pastorales". Madrid: *La Lectura*, año VIII, núm. 87, marzo de 1908, pp. 292-295.

[16] "Elegías puras". Madrid: *La Lectura*, año VIII, núm. 93, septiembre de 1908, p. 20-21.

Si tiene usted otros amigos que yo no conozca y que sean dignos de usted, preséntame a ellos, pues yo, contra lo corriente, leo los libros que valen la pena. Soy de los que esperan un florecimiento colectivo, como el de Francia de hoy. Y usted?

[8]

[Logotipo: Madrid. Ateneo Científico, Literario y Artístico] 14-VIII-908

Mi muy querido poeta: No me olvido de U., pero estoy estos días atareadísimo. He hecho un viaje a Segovia, con un amigo mío, he terminado una traducción de Francis Jammes (con tres novelas Clara d'E., Almaida d'E. y Pomme d'Anis)[17] y estoy preparando otro viaje más largo a Cartagena, para unos días al lado de mi novia. Saldré de Madrid el 21 y desde allí le escribiré más largamente, pero si quiere algo antes de esa fecha escríbame y lo haré con gusto.

Estuve en la imprenta de la calle de las Infantas y el que habló conmigo (que no era Palenzuela el regente) me dijo que sólo habían recibido una postal de U. que hacía referencia a una carta, pero que la carta no había llegado—No sé si le habrán escrito ya, porque yo hice su encargo enseguida y he dejado pasar los días por lo que le digo. ¿Verdad que me perdona?

Del éxito de mis libros le diré que, económicamente, con el primero, que hice por mi cuenta, gané, al liquidar unos pocos duros, seis u ocho. Los otros dos creo que se han vendido algo. No estoy descontento por este lado. Por el otro, por el verdadero, de todo hay; se me ha tratado bien, pero yo creo que la gente entiende poco de poesía (y de lo demás) y cuando menos se piensa, todo el mundo se va por los cerros de Úbeda. De espíritu las diez o doce personas que U. sabe, pocas entre la gente de letras, algunas entre las muchachas que leen con la mayor sencillez y por lo mismo comprenden cosas que a casi todos les resultan complicadas.

[17] Francis Jammes. *Manzana de anís.* Trad. y prólogo de Enrique Díez-Canedo. Barcelona: E. Doménech, editor, 1909.

Yo le presentaré a mis amigos cuando estén aquí. Tengo un grupo muy unido y bastante agradable, pero ahora estamos dispersos.

Creo, como usted, que un florecimiento colectivo se prepara, que es tan inminente como la cristalización en un líquido sobresaturado de una sal. Solo falta el cristal que la determine. ¿Quién será?

Yo veré las pruebas de *La Lectura* con todo cariño; para eso y para todo puede disponer de mí. Solo deseo serle agradable en alguna cosa.

Me alegro de que se proponga enviarme algo de vez en cuando. Yo leo siempre lo de usted con cariño. No deje de hacerlo.

Hoy no puedo copiarle nada porque se hace tarde y esta carta se ha alargado más de lo que yo creía. Desde Cartagena le enviaré versos.

Supongo que García Sanchiz le habrá enviado sus libros. Si no lo ha hecho no le extrañe, porque es una gran persona pero de una indolencia maravillosa.

Reciba la buena amistad de

E. Díez-Canedo

[9]

[Matasellos en el sobre: Moguer, 28 de septiembre de 1908]

Querido poeta:
he esperado, inútilmente, sus noticias de Cartagena; ignoro si está usted en Madrid, pero supongo que desde la calle de Ventura Rodríguez[18] irá mi carta detrás de usted. He visto en *La Lectura* mis "Elegías" y agradezco a Acebal que no las haya echado tras una revista geográfica; ya mandaré a usted otros versos. Deme noticias: ¿murió el último boletín de Villaespesa?[19] ¿Cómo es la *Revista Crítica*? Qué es eso de "El verso"? Publicará usted pronto sus traducciones de Francis Jammes?

[18] Desde 1899 o 1900, Enrique Díez-Canedo vivía con sus hermanos, en Ventura Rodríguez 4 (hoy núm. 15). En el número 2 de *Índice* (1921) aparece esta dirección como la de la revista.

[19] Villaespesa, Francisco (Laujar, Almería, 1877-1936). Poeta, novelista y dramaturgo árabe andaluz, discípulo de Zorrilla y de Salvador Rueda.

Yo tengo ya en la Tip. de Archivos mis *Elegías puras* y espero que para fines de octubre estará el tomo en las librerías. Me propongo dar, poco a poco, todo lo que tengo terminado, en tomos pequeños de ochenta páginas. Así me es más fácil ir saliendo de este naufragio de rimas. Tengo también algunas traducciones: el "Polifemo" de Albert Samain, "Brujas la muerta" de Rodenbach, "Simona" de De Gourmont, y algo más; últimamente he trasladado tres canciones de Bilitis, según el libro de Pierre Louÿs. ¿Y Gregorio?

Le quiere su amigo

J.R. Jiménez
Moguer

[10]

Madrid, 11-x-908

Querido amigo, gran poeta:

Sí, estoy en Madrid hace ya unas semanas y todo deseoso de escribirle, aunque por las obras no lo parezca. No necesito esforzarme en darle explicaciones de por qué no le escribí desde Cartagena, según lc había prometido. Me propuse estar poco tiempo, y el tiempo se alargó, no tanto como yo hubiera deseado. Me propuse escribir a dos o tres amigos, y U. que era uno de ellos, ya ve que no lo hice, ni a los demás tampoco. El hombre propone y la mujer dispone.

Cuando volví me encontré el número de *La Lectura* en la calle, sin que yo hubiera podido ver sus Elegías. Será la única vez que le prometa una cosa y no la haga. Tampoco vi mi artículo y él, que ya era una lástima, salió hecho un dolor, a fuerza de erratas.

Estoy muy contento con la noticia que me da de que se propone ir publicando sucesivamente los versos que tiene escritos. Ya estoy deseando ver esas *Elegías puras* que tanto quiero. La lista de sus traducciones es espléndida: El "Polifemo" y la "Simona"(de esta recuerdo unos trozos que publicó *Renacimiento*) me parecen dos maravillas. De las canciones de Pierre Louÿs creo que traduje una allá en tiempos, pero no sé dónde la he echado: me parece ese libro superior a todo lo que conozco de él y desde luego a la famosa *Afrodita*. Y de *Brujas la muerta*, libro que se recuerda siempre, no le digo nada. Por cierto que un muchachito amigo mío ha invertido este año su estancia veraniega en Tánger en traducir ese libro. No creo que se propone publicarlo, a lo menos por ahora. Además aunque creo en su talento, desde luego todavía no en sazón, y en su buen gusto, me consta que el castellano es en su pluma instrumento duro.

No deje de mandarme, como me ha dicho, si no para publicarlos para contentamiento mío, siempre que no le moleste, versos o prosas. Yo le copio al final dos cancioncillas que están entre lo último que he hecho —muy poco, porque me dedico ahora a trabajos de otra índole y a escribir en periódicos pequeños artículos fugaces sin importancia alguna. Pero quiero hacer un libro de versos —y ando en busca de un título que esté bien. Y además pronto han de salir mis traducciones de Jammes; ya las tiene en su poder el editor Doménech, de Barcelona, que ha de publicarlas con un breve prólogo que le haré uno de estos días. También se está empezando a imprimir la traducción de "El arte en Inglaterra" de Mr. William Armstrong, que no he terminado todavía porque aun no me han mandado de Londres todo el original. Ya han vuelto Gregorio y María. He comido una noche con ellos y he pasado unas horas de buena amistad. Me dicen que le han escrito.

Hoy precisamente he visto un retrato de U. en casa de Salvador Rueda.[20] (No sé si atreverme a pedirle, si lo tiene, uno para mí.)[21] Rueda está ansioso de gloria, y no se recata para decirlo con motivo de este proyecto de coronación suya.[22] Está como un chiquillo y su manera de ser en lugar

[20] Salvador Rueda (Benaqué, Málaga, 1857-1933). Poeta modernista de origen campesino, considerado "el otro gran maestro del modernismo" a quien Rubén Darío menospreció después de haber sido su gran admirador.

[21] La dedicatoria de la fotografía de JRJ a ED-C es de 1916.

[22] La "coronación" de Rueda empezó por Las Palmas (Canarias), a principios de 1910, donde se le hizo un acto solemne, y siguió en La Habana. Entre 1909 y 1917 realizó seis viajes a América y Filipinas. Estuvo en Puerto Rico, Cuba, Argentina, Brasil, México, Estados Unidos y Filipinas; enarboló la bandera de la unificación y el hermanamiento de la metrópoli española con América y Filipinas. Estaba convencido del poder y de la singularidad del mensaje hispánico, por lo que sus viajes fueron un mensaje de hermanamiento entre los pueblos. En todos los lugares fue agasajado y homenajeado. Su retrato circuló reproducido en una "postal conmemorativa" del año 1908, donde Rueda aparece con una corona de laurel.

de favorecerle le perjudica. Yo, casi sin enterarme de ello, me he encontrado dentro de una comisión para el homenaje y no he sabido negarme.

Cuando me escriba (no tarde; le aseguro que yo nunca más seré perezoso) deseo que me hable bien de su salud. Muy buena se la deseo, para que de ella salgan hermosas rimas.

Muy suyo

Enrique Díez-Canedo

[En una hoja aparte]
Veo ahora su carta y le contesto a sus preguntas: La *Revista Latina*[23] de Villaespesa murió, pero me han dicho que él piensa resucitarla pronto. Yo no tengo amistad con él. Nos tratábamos algo y cuando publiqué mi primer libro, no sé por qué me negó el saludo. Luego nos hemos visto, saludándonos pero sin hablarnos, varias veces. Como a mí me tiene sin cuidado y la cosa ha partido de él, no le he ido a pedir explicación ninguna.

¿No recibe la *Revista Crítica*?[24] Me dijo esta buena *Colombine*[25] que le había pedido versos y que U. se los había mandado? La revista está regularmente. Su sección sefardita parece que es lo que la hace vivir. Yo preguntaré si se la mandan, y si no haré que le envíen los números. En general, es poco escogida.

El Verso me parece, y a U. le parecerá lo mismo, si le han enviado el prospecto, una cosa sin seriedad ni interés.

E D-C

Las cancioncillas que le copio aquí, son, como verá, algo incoherente. Busco en ellas algo de aroma popular, que no sé si he encontrado, sin tratar de que la expresión lo sea del todo.

Estoy indeciso: no sé si están bien o si merecen la hoguera.

[23] *Revista Latina* (1907-1908), fundada por Villaespesa. Díez-Canedo formó parte de la Redacción de la revista.
[24] *Revista Crítica* (1908-1909), que dirige y promueve Carmen de Burgos. Díez-Canedo figura como redactor desde 1908, junto con Andrés González-Blanco y Fernando Fortún.
[25] Seudónimo de Carmen de Burgos.

Los frailes

Por aquel caminito
venían, madre,
polvorientos, descalzos.
Eran dos frailes.

Se esparcían sus barbas
sobre los hábitos.
Eran viejos. Llevaban
al hombro sacos,
y en la cintura
grandes rosarios.

Uno me dijo: Niña,
dame limosna…
Y otro me dijo: Niña,
si fueras monja…

Dame limosna, dame,
preciosa niña,
la de tus labios rojos
como dos guindas.

Si fueras monja,
cara de cielo,
yo confesor sería
de tu convento.

Si fueras monja,
preciosa niña,
las campanas á gloria
repicarían.

¡Ay campanitas,
las de San Pablo,
que al repicar ahuyentan
a los diablos!

¡Ay campanitas
de San Antonio
que al doblar sacan ánima
del Purgatorio!

¡Ay campanitas,
las de San Pedro,
que, al escucharlas,
abre su puerta el cielo!

La molinera

Molinera que cantas
junto al molino,
tu voz parece
torzal finísimo
y en ella engarzas
los cantarinos
cual si enhebrando fueras
cuentas de vidrio

La molinera
sus colpas canta
y el molinito
mueve sus aspas.

Soplad con fuerza
genios del aire
para que el molinito
nunca se pare.

Vete muy lejos,
Madre Tristeza,
para que siempre cante
la molinera.[26]

E. Díez-Canedo

[26] Publicadas en *La sombra del ensueño* (1910), el tercer libro de poesía de Díez-

[11]

Moguer [octubre de 1908]

Queridísimo poeta:

¡qué alegría me dan cartas como esta de usted! A fuerza de desengaños he llegado a la pureza mental y me ennoblecen la nobleza amigos como usted y algunos otros, lejos del villaespesismo y demás horrores de esa corte… de los poetas. Muchas gracias por sus dos canciones; mándeme algo siempre que me escriba. Yo le enviaré, un día de estos, algunas poesías, que pueda usted dar a Acebal para que se publiquen en *La Lectura*. Las *Elegías puras* estarán en su poder dentro de diez días; y un mes después espero poder ofrecerle *Las hojas verdes*, libro que está ya dispuesto para la imprenta. Tengo un enorme deseo de ver sus libros nuevos; *La visita del sol* es un libro encantador. Admiro en usted el dominio de sí mismo, el lirismo sereno y la galanura perpetua de su castellano. Indudablemente es usted un "poeta sin mancha", como le digo en la dedicatoria de mis *Elegías*. Me habla usted de Rueda… Cada vez lo admiro menos; esa mezcla de baratismo y de ciencia popular de sus versos me espanta; antes, cuando él —y nosotros— éramos más jóvenes, me gustaban más sus cosas. Y en cuanto a esa coronación, es necesario ser un niño sin idea de nada para admitirla… o pedirla.

Ese retrato que usted ha visto debe ser relativamente antiguo; el último que me hice está en casa de Gregorio; hoy, no tengo ejemplares de ninguno, pero tendré un verdadero placer en enviarle unas fotografías de los que me hicieron Sorolla y Sala en Madrid. Y usted, ¿no quiere mandarme uno suyo? Le vi en esa serie fantástica que publicó *El Liberal* de "Los poetas del día". Supongo que usted no sabría, al dar su retrato, los compañeros que, en general, le destinaban.

Mi salud nunca es buena; ya ve usted cómo me baila la pluma; aquí hay algo —médula, corazón, cerebro— que anda descompuesto como un mal reloj. ¡Que nunca le tiemble a usted la mano en la lira! Vi el número primero —septiembre— de *Revista Crítica* y en él cosas delicio-

Canedo. Sólo con una variante en el segundo verso de la cuarta cuarteta del primer poema "Los frailes": en vez de "cara de cielo" quedó: "de rubio pelo".

sas de usted. Pero ¡qué lástima de *Renacimiento*![27] ¿Nunca podremos tener con larga vida una revista seria y bella? García Sanchiz no me mandó sus libros; pienso escribirle, sin embargo, un día de estos.

Le quiere y le admira

su

J.R. Jiménez

[12]

[Diciembre de 1908]

Querido poeta: He leído el libro mío con todo el amor que se merece. Es una hermosura. Créame, —y me acuso de ello,— el sentimiento mío no ha sido puro del todo, porque había en él buena parte de orgullo. He pensado que ahora me ha llegado a mí de veras aquello del *non omnis moriar*. Lo que pienso del libro procuraré decirlo en *La Lectura*; yo no sé si lo que diga estará bien, pero estoy bien seguro de que ha de ser cordial.

He leído el libro una de estas tardes a tres amigos míos, poetas los tres, y la emoción se nos comunicó a todos. No le digo más que gracias.

Esos amigos míos los voy a presentar. Uno es Ángel Vegue,[28] que acaso publique un libro de versos monásticos. Es un poco duro de rima, pero ve perfectamente, y tiene cosas que son muy hermosas. Personalmente es uno de los hombres más buenos que existen, uno de esos amigos seguros en quienes se puede uno confiar totalmente. Yo tengo con él una amistad de hermano.

Los otros dos son dos poetillas jóvenes: Fernando Fortún,[29] autor de un libro muy flojo, que se llama *La hora romántica* y de versos posteriores

---

[27] El número X, último de *Renacimiento*, se publicó en diciembre de 1907.

[28] Ángel Vegue y Goldoni (¿?). Crítico de arte, poeta y traductor de poesía francesa.

[29] Fernando Fortún. *La hora romántica. Poesías*. Pról. de F. Villaespesa. Madrid: Imprenta Gutenberg, 1907, 108 pp. En la biblioteca de ED-C se conserva un ejemplar con la siguiente dedicatoria: "Al admirable poeta Enrique Díez Canedo, homenage de Fernando Fortún". F. Fortún (1890-1914). Poeta español "crepuscular", amigo, traductor

que van por muy buen camino. Es un hombre correctísimo, serio, inteligente y, en mi opinión el que ha de hacer más de todos los que empiezan. El otro se firma Leonardo Sherif[30] y es autor de otro librito *Versos de abril*, que tiene notas muy frescas. Del carácter suyo, que es de muchacho travieso, tienen mucho los versillos picarescos que hace. Es casi un chico, y da gusto verle reírse con cualquier pretexto. Los dos fueron prologados por Villaespesa, pero son listos y supieron libertarse a tiempo sin dejarse explotar mucho.

Le hablo de estos tres amigos míos porque lo son de veras. Todos ellos tienen por U. una cariñosa admiración.

De mis proyectos literarios todavía no se ha logrado ninguno. Ahora estoy atareadísimo con las pruebas de la *Hist. del arte en la Gran Bretaña e Irlanda* que ha de salir muy pronto.[31]

Espero uno de estos días a mi novia, que ha retrasado su viaje por una desgracia de familia. Que mi enamoramiento sirva de excusa a mi tardanza en escribir. ¿Verdad que por eso me perdona? Hágame saber de su vida con frecuencia —no sabe cuánto le deseo una salud como la mía. Yo le escribiré siempre. Y *Las hojas verdes* serán bienvenidas, y podré leerlas de primera intención en compañía más grata aun que la que tuve para leer las *Elegías puras*.

Un abrazo de su buen amigo

Enrique Díez-Canedo

y colaborador de E. D.-C. en *La poesía francesa moderna*. J. R. J. y E. D.-C. se ocuparon de la edición de sus escritos cuando murió. Véase carta 47, n. 79 y 80.

[30] Leonardo Sherif [seudónimo de Cipriano Rivas Cherif]. *Versos de abril*. Pról. de F. Villaespesa. Madrid: Imprenta Gutenberg, 1907, 80 pp. En la biblioteca de ED-C se conserva un ejemplar con la siguiente dedicatoria: "A Enrique Díez-Canedo con la admiración de su devoto Leonardo Sherif". También de Leonardo Sherif: *Los cuernos de la luna*, en *El Cuento Semanal* núm. 66, 3 de abril de 1908.

[31] William Armstrong. *El arte en la Gran Bretaña e Irlanda*. Traducción de Enrique Díez-Canedo. Madrid: Librería Gutenberg de José Ruiz, 1909.

[13]

[Logotipo: Madrid. Ateneo Científico, Literario y Artístico] 19-III-909

Mi querido poeta: Hoy, día de San José, he dejado a todos mis Pepes, que son muchos, y he pensado que era muy buena tarde para hacer lo que me proponía desde tiempo atrás: escribirle, y quedar de este modo en paz con mi conciencia. Está visto que todas mis cartas han de empezar sobre poco más o menos, así. Pero no lo puedo remediar. El propósito de enmienda no me falta, pero es un propósito que no llego nunca a realizar; y si no escribo las cartas agradables, como las que son para U., figúrese cómo andarán las demás.

El ejemplar de *Las hojas verdes* me hizo sospechar, por lo que U. me decía en él,[32] que yo había dejado de recibir alguna carta suya y la verdad es que fuera de lo que me decía entonces ninguna noticia tengo de U. desde mucho tiempo a esta parte. Yo le quiero de veras, y me alegraré de que todas las que me pueda dar sean buenas.

De *Las hojas verdes*, como de las *Elegías puras*, hice en la revista las correspondientes glosas.[33] Me propongo, no sé cuándo, hacer un estudio completo y cuidado sobre su poesía, pero necesito cierta calma y acaso lo tenga que dejar hasta el verano. Ahora estoy metido en un cúmulo de traducciones mercenarias y de trabajos de todos los días que apenas me dejan momento libre. Y como sigo y estoy cada día más enamorado y

[32] En el ejemplar de *Las hojas verdes* de E. Díez-Canedo (Madrid: Tip. de la "Revista de Archivos", 1909), Juan Ramón escribió lo siguiente (p. 3, falsa, sin folio): "De tres ejemplares que he recibido de la imprenta, le envío este, que es provisional. La edición está parada. No hay en Madrid papel de cubiertas. Recibió usted mi última carta? ¿Qué le pasa? Su J. R. J. [...] En la p. 27 encontrará usted estos versos: "... El agua lava la hiedra,/ rompe el agua verdinegra,/ el agua lava la piedra..." Creo que "verdinegra" tiene suficiente sabor y colorido para ser consonante de "hiedra" y "piedra". Como usted sabe, Henry de Regnier y F. Jammes han hecho cosas semejantes. Quiero que usted sepa que esto es consciente por si me aplasta algún criticuelo de esos que usted y yo conocemos bien."

[33] E. D.-C. "Elegías. I. Elegías puras", de Juan Ramón Jiménez. *La Lectura*, noviembre de 1908; "Olvidanzas. I. Las hojas verdes". *La Lectura*, febrero de 1909.

más contento de estarlo, de los momentos que me quedan libres tampoco puedo disponer mucho.

Ahora va a salir, dentro de unos quince días, la *Hist. del arte en Inglaterra.* Las novelillas de Francis Jammes no sé cuándo saldrán, porque los editores de Barcelona no me escriben. Me pidieron un prólogo, se lo mandé, corregí pruebas casi a correo vuelto, y no he sabido más. Del libro aún no las he corregido y me molestaría que saliese sin verlo yo, como me temo que va a ocurrir.

Estoy preparando también un libro de versos que me propongo dar en abril, hacia fines de mes. Será de cosas dispersas, todas o casi todas publicadas ya, y se abrirá por aquellos versos autobiográficos que salieron en *El Liberal*.[34] Me falta un título, y por más vueltas que le doy no lo encuentro. ¡Oh, si yo tuviese como U., un libro de los títulos![35] Quiero que en ese libro vaya también un poemita, "La muerte de Li-Tai-Po", que tengo entre manos.[36]

Es casi lo único de verso que hago, a más de algunas traducioncillas que se me vienen a la mano. De estas le copio algunas en pliego aparte.[37] Empiezo a entendérmelas con el alemán, y a leer algo de los poetas de hoy. También proceden de versiones alemanas las traducciones de los rusos Sologub y Mereshkovski[38] que U. verá. Yo creo que en alemán se puede leer todo, porque todo está traducido, y muy bien, a ese idioma.

Me gustaría que mandara U., si le es fácil, algún tomo suyo a un amigo mío íntimo que vive en Toulouse, y da allí una serie de conferencias sobre la literatura española de hoy. En un envío que yo le hice creo que iban los

[34] Los versos autobiográficos a que se refiere se publicaron por primera vez en *El Liberal* con el título "Versos íntimos"; constan de 32 estrofas y la primera dice: Extremadura, madre de los fieros/ conquistadores y de los poetas/ románticos: escriben tus aceros/ epinicios; tus rimas son saetas…". Con este poema (fechado en 1908) abre el libro *La sombra del ensueño,* publicado en París en 1910.

[35] En los números 7 y 8 de *Renacimiento* Juan Ramón Jiménez anuncia un "Libro de los títulos" como parte de *Olvidanzas.* (JRJ. *Epistolario I*, carta 145, n. 146, p. 204).

[36] "La muerte de Li Tai Po" no pertenece a *La sombra del ensueño.* Sobre este poeta véase "Judith Gautier" en E. D.-C., *Conversaciones literarias. Primera serie,* pp. 80-83.

[37] No aparecen con las cartas.

[38] "Nirvana", de Mereshkovski; "Dios de una tierra ignorada" y "¡Oh! nunca me amenaces" de Sologub pertenecen al libro *Imágenes (Versiones poéticas).* París: Librería Paul Ollendorff [1909]. Véase carta 21.

Jardines lejanos. Si U. pudiera mandarle las *Elegías puras*… Se llama Angel Vegue y Goldoni y su dirección es: Lecteur d'Espagnol au Lycée. Toulouse-Haute Savonne- France. Ya creo que en otra ocasión el hablé de él.

Poco hay de nuevo por aquí, en la vida y en la literatura. Me gusta mucho *La sombra del padre* de Martínez Sierra, que se ha estrenado anoche en Lara. Ha tenido mala prensa y malos actores, pero la obra está muy bien.— Acabo de leer un libro de versos que ha publicado en Oviedo un muchacho joven, J. García Vela,[39] que tiene cosas de primer orden a través de varias influencias. Y creo que nada más.

Cuando reciba carta de U. tendré una gran alegría. ¿Piensa ya en algún otro libro? ¿Está bien esa salud?—Le quiere muy de veras su amigo

E. Díez-Canedo

[14]

[Moguer, marzo de 1909. Carta a lápiz color lila.]

Queridísimo poeta:
desde la mesa de un médico, a la que vengo huyendo de mí mismo, le escribo; perdone que sea con lápiz.—Estoy roto completamente y a dos dedos de la tierra.—Efectivamente, escribo a usted una carta después de leer el admirable comentario a mis *Elegías puras*, que tuvo usted la bondad de hacer en *La Lectura*. Y ahora estaba queriendo escribirle, todos los días, y hoy lo hago lleno de vergüenza por no haberle dado las gracias que le debo con motivo de sus nuevas alabanzas a mis *Hojas verdes*. Sobre sus dos notas quiero escribirle despacio; hoy no está mi cabeza para lo que quiero.

Me habla usted de un "estudio completo y cuidado" sobre mi poesía. Yo quisiera que antes de intentarlo conociese usted, por lo menos,

[39] Sobre José García Vela, autor de un solo libro de poesía: *Hogares humildes*, véase E. Díez-Canedo. "Las victorias mutiladas", en *Conversaciones literarias. Segunda serie*, pp. 247-254.

las *Baladas de primavera*, las *Elegías* —completas— y *La soledad sonora*. Este libro, sobre todo, es el que me preocupa. Recuerda las *Elegías puras*, pero es más fino, más lírico, más sintético; su última parte, las "Rosas de cada día" —rosas mustias— es una vaguedad de tristes jardines ideales; mucha música y muchos matices. Sin este libro, hallo vacía mi obra. Además de estos libros y de los otros anunciados, tengo ya otros en la frente: *Ceniza de mis rosas*, *Voz de seda* y *Francina en el jardín*; de los tres tengo algo hecho. Si le sirve de algo, "El libro de los títulos" está a su disposición. Perdóneme si le ofendo; pero creo que encontraría usted un nombre bello para su libro; ¿quiere usted decirme el aire general de sus poesías? Le mandaré, al momento, una serie de títulos líricos.

Sus traducciones son hermosísimas; sobre todas me gusta la segunda "estancia" de Moréas, que es casi el original. También he traducido yo algunas "estancias" para un tomo que preparo y que se llamará *Música de otros*.[40] Pero hablo de ilusiones. No estoy en la vida hace tiempo. Y de esperar tanto la muerte, no puedo ya tener otra esperanza. Y voy a hablarle de una esperanza triste. Quiero que, si yo falto antes de dar a luz todo lo que tengo hecho, usted y Gregorio pidan a mi casa todo, y con un esmero semejante al mío, procuren completar mi obra, de una manera ordenada y perfecta. No se trata de un sentimentalismo. Me siento cada día más caído y no veo modo de salir de esto. Si yo tuviera salud, ¡cuántas cosas haríamos juntos, mi querido Enrique!

Enviaré el libro que usted quiere a Vegue, y a usted algunos ejemplares de *Las hojas verdes*, con sus cubiertas decorosas.

¿Se ha publicado algo más que lo de usted sobre mis dos tomitos? Aquí no veo nada. ¿Murió la *Revista Crítica*? Yo me propuse, a tener salud, seguir dando pequeños libros, porque me era más fácil irme así liberando de la carga de borradores. Pero me es imposible por ahora. Y no puedo más. Perdone la incoherencia de esta carta y tome este abrazo estrecho de su

J.R. Jiménez

[40] Proyecto que no llegó a realizar. Cf. JRJ. *Epistolario I*, carta 145, n. 147, p. 205.

[15]

[Dos postales. Falta la 1]:[41]

…José Ma. López Picó. La tengo para enviársela.[42] No sé si podrá salir con esta carta, porque no encuentro el n°.—Sí que me gustaría conocer todos esos libros aún inéditos. Cuando tenga lugar cópieme algo, me dará un goce íntimo—Esa *Música de otros* me interesa también: ¿quiénes son los "otros"? —La *Revista Crítica* vive; pasó a poder de Maucci, pero sigue dirigida por la inefable Colombine— Mi libro lo estoy ordenando, si cuando esté listo no he dado con un título, me aprovecharé de su oferta. Mil gracias. Suyo de corazón

Enrique Díez-Canedo

[16]

[Matasellos en el sobre: Moguer, 19 de junio de 1909]

Querido Enrique:
¿conoce usted en Madrid alguna familia que viva cerca de una casa de socorro —al lado, encima, enfrente— y que quiera admitirme como huésped constante? El barrio me es indiferente.
     Le abraza su

Juan Ramón

---

[41] Archivo Histórico Nacional. Fondo Juan Ramón Jiménez, 326/9.

[42] Se refiere a una nota del crítico López Picó sobre Jiménez. Este le escribe después (junio de 1910) y le dice: "Hace tiempo, Enrique Díez-Canedo me envió un número de *La Cataluña* en el que usted publicaba una nota muy cariñosa sobre mis Elegías puras…" (JRJ. *Epistolario I*, carta 160, pp. 229-230).

[17]

[Logotipo: Madrid. Ateneo Científico, Literario y Artístico] 25-VI-909

Muy querido poeta: Su carta me da la alegría de pensar que le voy a ver pronto y la tristeza de saber que no se encuentra bien. He buscado por mí mismo y entre mis amigos lo que U. quiere y hasta ahora no he podido dar con nada conveniente. Sin embargo le escribiré, porque se lo he dicho a algunas personas de confianza y han quedado en contestarme.

Yo no sé si estaré mucho tiempo en Madrid porque tengo entre manos una combinación que me permitiría pasar una temporada en el extranjero. ¡Cuánto me gustaría darle antes un abrazo y conocer lo que tiene inédito para poder intentar el estudio que estoy deseando hacer de su obra!

Lo mío anda muy atrasado. No publico, por ahora ningún nuevo libro original. Las traducciones de que le hablé ya están impresas pero los editores no las quieren dar todavía. Haré que le manden un día de estos una traducción no muy bonita pero muy fiel de *La casa de las granadas* de Oscar Wilde, con un prólogo mío. [43] El traductor, Sr. Mazorriaga, es un catedrático de esta universidad.

A ver, pues, si pronto estamos juntos y estrechamos personalmente nuestra amistad.

Un abrazo de su amigo

Enrique

[18]

[Moguer, fines de junio de 1909]

Queridísimo Enrique:
no sabe usted lo que le agradezco el interés que se toma por el asunto que

[43] Oscar Wilde. *La casa de las granadas*. Trad. Emeterio Mazorriaga, Pról. Enrique Díez-Canedo (pp. v-xvi). Madrid: Imprenta de los hijos de Gómez Fuentenebro, 1909.

le confié. Quisiera estar en Madrid para septiembre, a ver si publico todo lo que tengo hecho, desde *Penumbra*, hasta *Baladas para después*. La noticia de su partida me entristece mucho; el estar con usted era una de las ilusiones de mi viaje. Si usted quiere hacer ese estudio sobre lo que tengo publicado, puede pedirle a Gregorio las *Pastorales*; creo, sin embargo, que lo más fuerte de mi obra está en lo inédito. ¿Y por qué no publica usted el anunciado tomo de versos? Tengo deseos de hacer un libro de usted. O, mejor dicho, de usted, con motivo de un libro. No he recibido *La casa de las granadas*.

Le abraza su

J.R. Jiménez

Deme noticias literarias

[19]

[Logotipo: Madrid. Ateneo Científico, Literario y Artístico] 3-VII-909

Querido Juan Ramón: Adiós. Mi viaje es antes de lo que esperaba. Estaré en Madrid hasta el día 8 y voy primeramente a París y en seguida a Trouville. Desde allí le escribiré. Y U. no me olvide nunca. ¿Viene a Madrid? ¡Cómo lo sentiría, ahora que me marcho yo! Pero, si viene, quiero que conozca a mi amigo Angel Vegue, que vuelve ahora de Francia, y estará aquí hasta el otoño. Yo estoy seguro de que cuando le conozca le querrá.

Adiós, otra vez, con un abrazo

Enrique

[20]

[Logotipo: Madrid. Ateneo Científico, Literario y Artístico] 5-VII-909

Querido Juan Ramón: Su carta, que he recibido hoy, se ha cruzado con la mía de despedida ¡Decididamente no nos veremos en Madrid! Para que U. me conozca ahí va mi efigie, el último retrato que me han hecho. Ya le escribiré desde Trouville.

Un abrazo y adiós.

Enrique

[21]

París, 9-1-910. (Boul. St. Michel, 43. Hotel St. Louis)

Queridísimo poeta:

Como hace poco le ofrecí, le escribo hoy, y al mismo tiempo que yo lo hace Ricardo Baeza,[44] con quien tengo amistad cordial y antigua, y que ahora vive en la misma casa que yo.

Aquí me tiene U. desde hace medio año. Después de una temporada corta en París, que no conocía, pasé el resto del verano, dos meses y medio, en Trouville. No sé si le dije, creo que sí, que soy secretario de un ministro americano, hombre extraordinario, porque siendo americano y ministro, no es literato.[45] Algo se ocupa de agricultura, y por lo tanto yo también, pero no como Virgilio, sino con números y estadísticas.

De todos modos, el trabajo mío no es cosa mayor; tengo muchos días libres y los más de ellos sólo unas horas ocupadas. Así que me queda mucho tiempo para mis cosas, que hasta ahora casi se han reducido a ver y a enterarme de París, y de lo que conozco de Francia.

He hecho poca literatura; algunos versos y menos prosa. Pero he puesto a punto aquel libro de versos de que le hablé, que por fin se llamará *La sombra del ensueño*,[46] y he reunido más traducciones, casi todas antiguas,

---

[44] Ricardo Baeza (Bayamo, Cuba, 1890-Madrid, 1956). Ensayista, crítico literario y traductor. En *La poesía francesa moderna* se incluyen traducciones suyas de Aloysius Bertrand (pp. 9-13) y de Baudelaire (pp. 26-28).

[45] Se trata de un ministro de Ecuador (José Ma. Fernández Gutiérrez. *Enrique Díez-Canedo. La crítica literaria*, p. 20). Nellie Jorge-Rodríguez (1960) añade a este dato el del apellido: Norero. No se trata de Víctor Manuel Rendón, embajador de Ecuador en París en estos años pues él sí era literato.

[46] E.D.-C. *La sombra del ensueño*. París: Garnier Hermanos, Libreros Editores [1910].

de mis estudios, como las *Del cercado ajeno*.[47] Estas de ahora formarán un tomo que llamo *Imágenes* y que he llevado a casa de Ollendorff que lo publicará.— Voy, además, poco a poco, traduciendo una historia del arte italiano, de Corrado Ricci,[48] que será el segundo tomo de esa biblioteca iniciada con el arte inglés de Walter Armstrong, que también traduje, y no le he mandado porque el editor me ha dado solamente ¡tres ejemplares!

Aquí me llega poco de literatura española. Leo, en cambio, mucho que no conocía. ¿Ha visto la reconstitución de *Le roman de Tristan et Iseult*, publicada por Joseph Bédier? La he leído hace poco y me ha hecho extraordinaria impresión. Leo algo también de poetas jóvenes, entre los que hay algo bueno, y esa maravillosa novela de André Gide que se llama *La porte étroite*.[49] Anoche mismo, en *La Grande Revue*, leí el comienzo de la novela nueva de D'Annunzio, *Forze che si, forze che no*. No sé si ha salido ya en italiano.— Excuso decirle el gusto con que leería algo de U., y el deseo con que espero esas *Elegías intermedias*, si, como me dijeron de Madrid, las ha publicado.

Me acomodo bien a la vida francesa, pero encuentro a Madrid, desde lejos, más agradable de lo que ya me parecía. Yo, que al principio no lo podía ver, he devenido en unos años —bastantes— un madrileño perfecto. Pero aquí se está bien —estos jardines —y estos museos—y esta libertad casi absoluta para todo. La temporada de Normandía, la costa desde el Havre hasta Caen, y luego Rouen con sus iglesias espléndidas, y aquel viaje por el Sena, desde el mar hasta el puerto de Rouen, entre orillas deliciosas, por la selva de St. Wandrille, en donde pocos días antes se había representado el Macbeth de Maeterlinck (una traducción admirable ¿la ha leído?), son cosas que no se olvidarán fácilmente.

Prometo escribirle y hablarle con detenimiento de lo que vea interesante. Hágalo U. también. Buena salud, y reciba un abrazo de su amigo

E. Díez-Canedo

[47] E. D.-C. *Del cercado ajeno. Versiones poéticas.* Madrid: Pérez de Villavicencio, 1907.

[48] Corrado Ricci. *El arte en la Italia del Norte.* Trad. Enrique Díez-Canedo. Madrid: Librería Gutenberg, Ruiz Hermanos, 1914 (ils.).

[49] Díez-Canedo traducirá este libro unos años después: André Gide. *La puerta estrecha*. Trad. Enrique Díez-Canedo. Madrid: Saturnino Calleja, 1922.

[22]

Moguer [junio de 1910]

Queridísimo Enrique:
carta entre paréntesis.
Recibirá usted un libro de versos —*Gérmenes*—de Pedro García Morales,[50] joven y andaluz. Le he dicho que se lo mande a usted. Él quisiera que usted se ocupara del libro en *La Lectura*. Mi recomendación huelga en este caso, pues en *Gérmenes* encontrará usted cosas realmente bellas. Escríbame. Sé que ha visto la luz *Manzana de anís*. Perdóneme si no he contestado su última carta pero…, en fin, perdóneme. No sé cuándo podré hacer mi voluntad.
    Un abrazo estrechísimo de su

J.R.

Uno de estos días recibirá usted *Elegías intermedias* y *Baladas de primavera*. Avíseme siempre que cambie de domicilio.

[23]

París, 24-VI-910

Querido Juan Ramón: Hoy es el día de San Juan. ¿Habrá hogueras por la noche en esos campos? Ojalá haya mucha alegría y mucha tranquilidad dentro de U.
    Gracias por sus libros. Yo se las daré en *La Lectura*: los he leído, en cuanto los recibí, con el íntimo gusto de siempre. Las elegías, son admirables. Y esas baladas tan frescas, tan nuevas.
    Voy a darle una noticia que le alegrará, porque es buena para mí: me caso en agosto, con aquella muchacha que era novia mía en Madrid. Ella

---

[50] Pedro García Morales (1879-1938). Compositor, violinista, director de orquesta y poeta originario de Huelva, que vivió la mayor parte de su vida en Londres.

vive en Cartagena, y allá iré a fines de julio a buscarla. Y, por ahora, viviremos aquí.[51]

He tomado ya casa. Está en Boulogne sur Seine, a una hora, en tranvía o en barco, del centro de París, frente a los jardines de Saint-Cloud, que se ven desde la habitación que ha de ser nuestra, en la avenida que va hasta el puente, que une a Boulogne con Saint-Cloud. La casa es nueva, clara, lo suficientemente grande para que estemos cómodos, y, como yo necesito que sea, barata.

Ahora me ocupo de amueblarla, y desgraciadamente tengo que hacerlo yo solo, perdiendo así la mitad del gozo que tendría si lo pudiera hacer viéndolo todo al mismo tiempo que ella, consultándonos a cada paso, pensando el uno lo que al otro no se le ocurriera. Y tengo que hacerlo yo, con toda la torpeza de los hombres que se han ocupado siempre poco de las cosas de interior, o que, si se han ocupado, ha sido sólo para pedirlas, no para buscarlas.

De todos modos, estoy contento como nunca lo he estado. Y quisiera que de mi contento participaran los amigos que son íntimamente amigos, como U., amigo con quien nunca he hablado.

Ya comprenderá que [con] todo esto, no me queda tiempo para pensar en otra cosa. Libro mío importante, por ahora no ha de salir ninguno, y lo que salga, ya se lo enviaré.

Escríbame esa carta que me prometió al enviarme los libros, y que aún no ha venido. Me será siempre muy grato saber de U. y ojalá me diga que se encuentra muy bien.

Suyo de veras

Enrique Díez-Canedo

En el no. de Julio, hablaré de García Morales.[52] Hasta hoy no he podido hacer nada.

---

[51] Díez-Canedo contrajo matrimonio con Teresa Manteca Ortiz el 22 de agosto.
[52] E. Díez-Canedo. "*Gérmenes*, de Pedro García Morales". Madrid: *La Lectura*, septiembre de 1910.

[24]

[Moguer, fines de junio de 1910]

Queridísimo Enrique:
para su felicidad le mando manojos de rosas, bandadas de mariposas, que no sé si podrán ser tan blancas como yo quisiera. Las que lleven algo negro, mátelas usted. Crea, mi querido amigo, que me ha *tocado* su alegría; usted me dirá el día que se casa, para enviarle alguna cosa de mi alma.

Le había prometido escribirle largamente: los instantes en que puedo ocuparme de algo son escasos y sujetos a mil contingencias; hoy por hoy, soy desgraciado de verdad. No le he dado tampoco las gracias por sus traducciones de Francis Jammes, ¡tan bellas! No conocía la última novelita; en las otras dos he renovado el gozo que tuve al leerlas en el original, ¡ese gozo tan suave, tan de contagio, tan fragante! Su prólogo me ha gustado también mucho. ¡Ah! ¡Si todos los escritores fueran tan conscientes como usted!

Yo he mandado a la imprenta mis *Elegías lamentables*; creo que la biblioteca Renacimiento dará *Pastorales* en octubre, y para fin de año preparo *La soledad sonora*. No quisiera yo dar mi obra así de una manera tan incoherente y tan tardía, pero mi salud y mi fortuna han cambiado mucho y tengo que atenerme a las circunstancias. Sin embargo, y a pesar de todo, trabajo; en estos dos meses últimos he terminado dos libros nuevos: *Laberinto* y *Poemas agrestes*; tengo épocas de esterilidad y épocas fecundísimas; no me fío de la inspiración, pero creo en ella.

De mi libro Ideas líricas —"Acotaciones"—, le copio estos apuntes escritos al final de *La visita del sol*: "Aparte de la elegancia de la forma, el encanto de este libro está en una falta de jugo —que no es defecto, sino belleza—, en una aspereza sentimental, en una añejez y sequera del terruño, que contagia hasta su cosmopolitismo.

Azamboa, talla de roble, tapiz, árbol rudo y añoso. Hay un aroma seco —geranio con sol,— un romanticismo fuerte, una nobleza, una rancia hidalguía! Aquí está Extremadura, no en aquel convencionalismo retórico y calderoniano de Gabriel y Galán.

Y sin hablar de ella!"
Y con esta y un abrazo muy estrecho, queda suyo siempre su amigo

Juan Ramón

[25]

[París] 30-VII-910[53]

Querido Juan Ramón:
Gracias por las palabras amables de su última carta. Todas lo eran. Hoy salgo para Madrid. Le ruego que, para una bibliogr. verlainiana, de cuya parte española estoy encargado, que me diga enseguida a Madrid (Ventura Rodríguez, 4) si además del artículo y las trads. de *Helios* ha publicado algo más sobre Pauvre Lelian, o si tiene algo inédito, y en este caso, si no es cosa larga, le suplico una copia. Gracias desde luego, Enrique

[26]

[Moguer, mediados de diciembre de 1910]

Queridísimo Enrique:
esta noche ha llegado a mis manos su libro *Imágenes;* y, antes de abrirlo, le pongo estas líneas, que han debido ir hace tiempo en busca de usted. ¡Qué de días sin tener noticias suyas! Fortún, a quien pregunté sus señas, me escribió diciéndomelas; añadía que se había usted casado, que vivía en una casita deliciosa y que era usted feliz.[54] Dichoso usted que ha

---

[53] Archivo Histórico Nacional. Fondo Juan Ramón Jiménez, 326/5.

[54] La carta de Fortún a la que Juan Ramón se refiere es una tarjeta postal, fechada en Madrid el 5 de octubre de 1910, que se conserva en el Archivo Histórico Nacional de Madrid (327/6). En ella, Fernando Fortún le escribe: "Enrique, ya casado, vive en Boulogne sur Seine 7, Chaussée du Pont: un rincón encantador que ha llenado de felicidad." (JRJ. *Epistolario I,* carta 416, n. 12, p. 628).

podido alcanzar lo que se merece! No le he dado a usted las gracias por su última nota de *La Lectura*;[55] ¡perdón! Crea que he estado todos los días para escribirle. ¡Si supiera usted todo lo que tengo pendiente, lo que dejo por imposible, los libros que debo, lo que me cuesta ir poniendo mis originales en limpio! Esas *Elegías lamentables* que hoy le envío, hace un mes que están dedicadas y esperando esta carta. ¡Y siempre así!

Supongo que recogería usted en Madrid la carta que le escribí con las indicaciones que usted quería sobre mis trabajos sobre Verlaine.[56] Le agradeceré que me dé el título de ese libro que estaba usted preparando —o del que era usted colaborador— para encargarlo. Dígame también cómo van sus nuevos libros. Yo estoy dando el último toque a *La soledad sonora* —el libro completo—; *Pastorales* está imprimiéndose. Dentro del año que entra quisiera publicar también *Laberinto* y *Baladas para después*. No sé… Esa casa Ollendorff, ¿no me haría algún tomo? Prosa o verso… *Arte menor*, por ejemplo; o *Palabras románticas*. Me gustan sus ediciones —excepto las cubiertas, ¿eh?—. Cuando lea *Imágenes*, le escribiré detenidamente. Dígame usted su opinión sobre *Elegías lamentables*.

¿Está en París Rubén Darío? ¿Sabe usted su dirección? A García Morales le telegrafié la antigua de usted; ¿fue a verle?

Escríbame; y tenga un abrazo de su

Juan Ramón

Moguer (¡todavía!)

---

[55] E. Díez-Canedo. "Elegías, II. *Elegías intermedias*, 1908. *Baladas de primavera*, 1907, por Juan Ramón Jiménez". *La Lectura*, año X, tomo III, núm 117. Madrid, septiembre de 1910, p. 67-68.

[56] Se trata de la siguiente carta [sin lugar, sin fecha]: Mi querido Enrique: nada de importancia tengo, sobre Verlaine, en lo inédito; únicamente algunas referencias en "Ideas líricas", pero ninguna de ellas constituye artículo, ni aun nota extensa. Además de "Pablo Verlaine y su novia la luna" ["Pablo Verlaine y su novia la luna". *Helios* núm. 7. Madrid, octubre de 1903, pp. 301-304] y de las traducciones, publiqué en *Helios* una nota que debió servir de comentario a una fotografía del desdichado maestro, desaparecida en el laberinto de Villaespesa. Búsquela entre unas "Páginas dolorosas". ["Páginas dolorosas". *Helios*, núm. 3. Madrid, junio de 1903, pp. 303-311]. Todo lo demás a que pudiera referirme, lo sabe usted. Y tenga ese abrazo de su Juan Ramón.

[27]

Boulogne S. Seine, 20-XII-910

Querido Juan Ramón:

Me ha dado una alegría con su carta y con su libro. El mío debió de ir acompañado de una carta y de otro libro más, el de versos originales *La sombra del ensueño* que ha de salir de la casa Garnier muy pronto. Pero no será antes de enero, y por eso le envié *Imágenes*. La carta, se quedó por escribir, como se había quedado la que quise enviarle cuando estuve en España.

Sí, encontré su carta de Madrid, y envié a M. Tournoux los datos verlenianos referentes a U. Ese libro está terminado y debe estar imprimiéndose. Ya se lo diré cuando salga y si puedo enviarle o hacer que le envíen un ejemplar, cuente desde luego con él.[57]

En España estuve muy poco tiempo. Una semana en Madrid, diez días en Cartagena y otros dos en casa, después de casado. Mi mujer y yo teníamos deseos de encontrarnos en esta casa y no nos detuvimos más que el tiempo necesario para ver a mi familia. Aquí me tiene U. dichoso y contento.

Como le digo, su libro lo leí —lo leímos— con el cariño y el encanto de siempre. Yo conocía parte de él. Estas Elegías ahora completas son una hermosura. Ya trataré de decírselo públicamente. Pero lo que quisiera, es hacer el estudio detenido que tanto tiempo acaricio sobre su obra entera. Aunque lo que tiene escrito y no publicado sea lo mejor, como U. me dijo, algo se puede hacer ya. No tengo aquí todos mis libros. De Madrid me han de enviar bastantes, y entre ellos los suyos.

¿Saldrá pronto *Pastorales*? ¿Qué es *Laberinto*? —No he ido aún a la casa Ollendorff— Cuando vea a Gibbs[58] le hablaré de lo que me encarga. Tiene U. razón. Las ediciones son bonitas, pero esas cubiertas… Sin embargo, la mía es de las peores. Otras hay —puramente tipográficas—

[57] Georges A. Tournoux. *Bibliographie Verlainienne. Contribution critique a l'étude des Littératures étrangéres et comparées.* Leipzig: E. Rowohlt, 1912. Cit. en *La poesía francesa moderna* y su autor incluido entre "los poetas nuevos", pp. 354-356.

[58] Gibbs o Gibbes (según lo escribe A. Reyes), encargado de las ediciones de libros en español de la editorial Ollendorff. Según Reyes, era dominicano al igual que Henríquez Ureña. (A. Reyes, *Historia documental de mis libros. OC,* t. XXIV, p. 155).

que están bien. Otra tontería es la del retrato, que en mi libro no viene a cuento. Y que, por recortar la figura del fondo oscuro de la fotografía, ha salido muy mal.

Rubén Darío está ahora en París. Vive 6, rue Herschell, en un sitio admirable por lo cerca que está del Luxemburgo, junto a la Avenue de l'Observatoire, que es uno de los más bonitos parajes de la ciudad. No le he visto después de su vuelta de Méjico, de donde regresó hará cosa de un mes.

Yo me ocupo ahora de ordenar para la Bibl. Renacimiento una antología francesa, del simbolismo para acá, quiero decir, del Parnaso para acá, dando bastante lugar a la gente de hoy. Lo hago con ayuda de Fortún.[59] Nuestras traducciones, aunque hayan de ser las más, son suplementarias, porque ponemos las que están bien de cuantas hemos tenido noticia. Por cierto que si U. nos diera algo nos haría felices. Me habló una vez de *Canciones de Bilitis* de P. Louÿs, que vendrían muy bien. De Louÿs no van versos, pero han de ir algunas de esas canciones, ya que damos entrada al poema en prosa (A. Bertrand, Baudelaire, Mallarmé, Rimbaud).

Desde luego contamos con su permiso para reproducir algo de Verlaine y de Gourmont de lo publicado en *Helios* y *Renacimiento*. Y vea si tiene alguna cosa hecha ya. Gracias siempre.

A más de esto, hago mis cosas para *La Lectura*, algún artículo que otro para periódicos, voy a empezar esta semana en la escuela del Louvre los cursos de Salomón Reinach y § Michel,[60] escribo pocos versos y espero el libro que ha de salir.

Conocí a García Morales, muchacho muy simpático. Espero verle pronto en París, según lo que últimamente me ha escrito.

---

[59] Se trata del libro *La poesía francesa moderna. Los precursores. Los parnasianos. Los maestros del simbolismo. Los poetas nuevos.* Antología ordenada y anotada por Enrique Díez-Canedo y Fernando Fortún. Madrid: Renacimiento, 1913.

[60] Salomón Reinach (1858-1932). Arqueólogo y antropólogo francés, director del Musée des Antiquités Nationales, miembro de la Académie des Inscriptions et Belles-Lettres, codirector de la *Revue Archeologique*. Divulgador del estudio del arte antiguo grecorromano y autor de importantes libros sobre historia del arte y religiones antiguas. Daba clases magistrales en la École du Louvre. Su obra cumbre se titula *Orpheus.* André Michel (1853-1925), destacado historiador del arte.

He tenido vagas noticias de esa Academia de la Poesía que se ha fundado en Madrid, pero no acabo de enterarme. Leo pocos periódicos de allá… y de acá.

Nada más por ahora. Escríbame, como me ofrece. Yo lo haré, aunque sólo sean dos líneas, en cuanto hable en la casa Ollendorff.

Ojalá esté muy bien, muy animoso, para hacer muchas cosas buenas y ser muy feliz. Un buen abrazo de su amigo

Enrique Díez-Canedo

[28]

Boulogne, 10-1-911[61]

Querido Juan Ramón. En la Casa Ollendorff me han dicho que lo que U. quiera, prosa o verso, con tal que dé por lo menos 300 páginas. Escriba directamente al jefe de la parte española que se llama Lucas F. Gibbs. Si se decide a enviar algo, avíseme. ¿No podría U. enviar al mismo Gibbs algún libro ya publicado? Me ha dicho que sólo lo conoce de nombre.— ¿Qué tal ha empezado para U. el año nuevo? Que todo él sea de felicidad. He visto a Rubén Darío. Vive r. Herschell 4 (y no 6, como le dije) y he leído su magnífico *Canto a la Argentina*. La Ac. de la Poesía me ha enviado título de correspondiente pero no aceptaré. ¿Se entera de lo que hacen? Un abrazo de su amigo Enrique.

[29]

[Moguer, fines de enero/principios de febrero 1911]

Queridísimo Enrique:
no le había escrito esperando *La sombra del ensueño*, que me anunciaba usted para este mes. Su tarjeta viene a avisarme entre tanto. Gracias. He

---

[61] Archivo Histórico Nacional. Fondo Juan Ramón Jiménez, 326/6.

leído con el encanto que puede usted suponer sus *Imágenes*. Tengo escritos unos apuntes sobre sus versiones que unidos a otros que pienso hacer sobre su próximo libro formarán un artículo bastante extenso con el título general: "Enrique Díez-Canedo". Se lo enviaré a usted luego, y usted lo publicará donde quiera, pues yo tengo pocas relaciones con los admirables compañeros de la prensa. Podría adelantarle algo ya, pero prefiero que vea usted el conjunto.—asunto Ollendorff: 300 páginas no da ninguno de mis libros. Son todos como *Arias* o *Jardines*, poco más o menos; 250 páginas, y en la forma de esos libros, es decir, sin imprimir en las pares cuando la composición termina en las nones. Se me ocurre, sin embargo, esta idea: dar dos libros en uno; en este caso, serían *Poemas mágicos y dolientes* y *Arte menor*. Quiero que me diga usted su opinión antes de escribir a Monsieur Gibbs.—Estoy corrigiendo pruebas de *Pastorales* y de *La soledad sonora*, pero no marchan estos libros tan de prisa como yo quisiera. Creo —a pesar de todo!— que para febrero podré enviárselos.—*Laberinto* es un tomo de versos dividido en las siguientes secciones: "Voz de seda", "Tesoro", "Variaciones inefables", "La amistad", "Sentimientos musicales", "*Nevermore*" y "Olor de jazmín". Tengo verdadero interés en que usted lo conozca.—En cuanto a lo que me dice de mis traducciones, le diré: usted puede siempre, y sin pedirme permiso, hacer lo que quiera de mis cosas. Me basta el nombre de usted para suponer que toda obra al frente de la cual vaya, será algo serio y bello. Ya Fortún me habló de ese libro. Cuente usted —avíseme para cuándo las quiere— con cuatro "Estancias" de S. Moréas y con un ramo de "Canciones de Bilitis". Las arranco de un libro —"Música de otros" que tengo en proyecto y del cual creo que le he hablado.—La Academia de la Poesía... le diré lo que sé: me enviaron mi título de académico de número y contesté dando las gracias. Después, Val[62] me ha escrito diciéndome que debo ir cuanto antes a Madrid para tomar posesión de mi... silla, si no quiero "perder mis derechos". Le dije que tenía dado encargo hace tiempo de buscarme alojamiento, pero que antes me era imposible ir a "tomar posesión". Y no puedo decir a usted

[62] Mariano Miguel de Val, director de la revista y de la biblioteca *Ateneo* de Madrid y representante en España de la revista *Caras y Caretas* de Buenos Aires.(JRJ. *Epistolario I*, carta 173, n. 248, p. 247).

más. Yo, aunque estuviera en Madrid, no iría a sus … tertulias; ya ve
usted… López Silva, Ortega Morejón, Brun, Cristóbal de Castro, Blanca
de los Ríos… qué sé yo! Y no están Fabra y Sellés tal vez por equivocación.
En fin, una cosa tan ridícula como el fracasado "Congreso" de Valencia.
Qué cosas, Enrique! Y la coronación de Rueda en Cuba? Cuando lea
usted *La soledad sonora* comprenderá mi vergüenza de poeta ante estas
necedades. Y estoy seguro de que *La sombra del ensueño* pasará con igual
nobleza sobre mi soledad.

Mientras tanto, reciba ese estrecho abrazo de su amigo

Juan Ramón

He visto anunciada una Antología de literatura japonesa.[63] Dígame si
está bien. Y téngame al corriente de lo que por ahí sale —arte, letras—
que valga la pena. Póngame a los pies de su señora.

[30]

[París] 21-11-911[64]

Querido Juan Ramón: Hasta ayer no he podido volver a casa de
Ollendorff, y por eso no le he dicho nada de su asunto. Conformes en lo
que U. me indicaba. Mándelo en seguida, porque ya sabe que tardan en
publicar las cosas. Si quiere que yo lo entregue en la casa, envíemelo antes
de fin de mes, porque antes de mediados de marzo he de estar en Madrid,
a donde vuelvo de profesor en la Escuela Central de Idiomas, que acaba
de crearse. ¿Le veré por allí pronto? Haga el favor de mandar a Fortún las
trads. que me prometió, porque la Ant° está casi terminada. Yo hubiera
querido que U. tr. una elegía de Samain, de *Le Chariot d'Or*: sólo U.

[63] "Por la fecha de la carta podría tratarse de Michel Revon (ed.). *Anthologie de la littérature japonaise des origines au XXéme siécle.* París: Delagrave, 1910." (JRJ, *Epistolario I,* carta 173, n. 249, p. 248).

[64] Archivo Histórico Nacional. Fondo Juan Ramón Jiménez, 326/7.

puede hacerlo bien.—De mi *Sombra del ensueño* nada sé. Hasta muy pronto. Un abrazo de su amigo, Enrique.

[31]

Madrid, 1-IV-1911
S.c. Ventura Rodríguez, 4.

Querido Juan Ramón:
Ya me tiene otra vez en España. Llevo quince días en Madrid, y desde el siguiente al de mi llegada estoy enseñando francés en la Escuela Central de Idiomas,[65] de la que soy profesor. Además, atareadísimo buscando casa, que no encuentro en las condiciones que necesito. Entre tanto, estoy con mis hermanos.

Fortún debía haberle escrito ya rogándole que nos enviara las traducciones prometidas lo más pronto posible, porque la antología está ya terminada y queremos entregarla pronto, dándole en estos días los últimos repasos. Creo que resulta bien; muy nutrida, sin ninguna omisión esencial.

Espero que me envíen ejemplares de *La sombra del ensueño* —me dieron seis y he pedido otros cuatro— para enviarle uno. Este libro no se lo doy a los críticos, por la escasez de ejemplares. Sólo a la familia y a unos cuantos amigos. La edición, encuadernada en rojo, es horrible. Gracias que sólo será para América y allí están ya acostumbrados a estas cosas de la casa Garnier con la que no volveré a pecar.

Y ahora, ¿le veré en Madrid? Así lo deseo. Perdóneme si no le escribo más por hoy. No tengo tiempo para nada.

Suyo

Enrique

[65] Inaugurada en enero de 1911. Díez-Canedo fue profesor de dicha escuela hasta 1933 y director de la misma de 1930 a 1932. Existe actualmente con el nombre de Escuela Oficial de Idiomas.

[32]

Moguer, 4 abril de 1911

Queridísimo Enrique:
ignoraba que estuviese usted en Madrid. Gómez de la Serna me escribió
desde París hace poco y me decía que le había visto; cuando le contesté,
le daba un abrazo para usted.

Ahí van las traducciones; Fortún me escribió; le debo carta; dígale
que me perdone y que pronto le contestaré. Suplico a usted que me
devuelva esos originales con las pruebas, que quiero repasar, pues he de
corregir algo en todo. ¿Le gustan?[66]

Espero *La sombra del ensueño* con verdadero deseo. Qué cosas tan
bellas tiene usted en *Imágenes*. Ya lo diré en el artículo que pienso escribir
sobre usted. *La soledad sonora* ha debido salir ya; yo sólo he recibido los
nueve primeros ejemplares, que envié a Gregorio y a María, a García
Sanchiz —con quien estaba en deuda hace tiempo— y a una amiga mía
que está en Suiza.[67] En el momento en que lleguen más, le enviaré el suyo.
Pastorales creo que saldrá uno de estos días.

Como me dijo usted que mandara algunos libros míos a Gibbs, estaba
esperando tener ejemplares de estos dos para hacerlo así antes de entregarle
los manuscritos de *Poemas mágicos y dolientes* y *Arte menor*. Esos manuscritos voy a enviárselos a usted uno de estos días —me están haciendo una
copia— para que usted los lea y se los remita luego a Gibbs en mi nombre.
Le agradeceré mucho que me conteste a estas preguntas: ¿en qué condiciones harán la edición? ¿Cuántos ejemplares dan al autor? ¿Devuelven el original con las pruebas? ¿Cuántas veces permiten corregir éstas? ¿Qué tardan
en publicar un libro? No es que yo vaya a discutir nada; sólo deseo saberlo.

---

[66] En *La poesía francesa moderna* se incluyen las siguientes traducciones de J. R. J.:
de Paul Verlaine "La hora del pastor", "Claro de luna", "Mandolina" (pp. 135-137); de
Albert Samain:"Otoño" (pp. 171-172); de Jean Moréas: "O toi qui sur mes jours de tristes-
se…", "Je me compare aux morts…", "Les morts m'écoutent seuls…" (pp. 183-184); de
Henri de Regnier "Epigrama" (p. 217); de Pierre Louÿs "El recuerdo desgarrador", "A la
muñeca de cera", "Voluptuosidad", "El último amante" (pp. 225-228).
[67] Luisa Grimm (JRJ. *Epistolario I*, carta 417, n. 17, p. 630.

¿Qué si me verá usted en Madrid? No lo sé. Nadie me encuentra lo que quiero. Se conoce que todos están siempre ocupadísimos y que no disponen de una hora para la amistad. Por esa calle de Ventura Rodríguez ¿no habrá una familia que me quiera como huésped? Dos habitaciones y una buena alimentación; el precio, que ellos lo fijen. Ahí está cerca la casa de socorro del Laboratorio de Artillería, o de ingenieros, junto al Palacio de Liria. ¿No se encontrará en todo ese rinconcito algo que me convenga? Si usted me hallara esa casa, ¡cómo se lo agradecería! Quisiera irme definitivamente a Madrid esta primavera. Aquí la vida se me va haciendo intolerable; he llegado a ahogarme en mí mismo. No por la soledad, que yo siempre seré un solitario; son otras las causas, y bien tristes.

No sea tardo. Y tenga ese estrecho abrazo de su amigo:
Juan Ramón

Recuerdos a Fortún

Creo que hace usted bien en no dar a los críticos su libro. Yo, a menos que, a pesar de ser críticos, sean amigos, nunca les mando los míos. Después de todo, ¿nos importaría algo la opinión de un Gómez de Baquero, de un "Zeda",[68] de un Castro, de un Candamo, de... los demás, privadamente? Entonces, ¿por qué buscarla en el periódico? Pura vanidad de quien lo haga. De todos esos "compañeros" que no son amigos, únicamente Catarineu[69] me es algo simpático —no lo conozco personalmente y jamás ha escrito sobre mí, que yo sepa—, no por su capacidad, que es cosa liviana, sino por el entusiasmo que demuestra en estos asuntos ideales. Y eso es algo. Los otros me parecen absolutamente cerrados; caracoles que asoman los cuernos al sol que más calienta; necios y malintencionados. Andrés González Blanco[70] me

---

[68] Seudónimo que usaba el crítico Francisco Fernández Villegas. (JRJ. *Epistolario I*, carta 417, n. 18, p. 631).

[69] Ricardo José Catarineu (Tarragona, 1868-Madrid, 1915), importante escritor de la época, colaboró como periodista y crítico literario en diversas publicaciones, entre las que destacan *Madrid Cómico*, *La Ilustración Española y Americana* y *La Vida Galante*. Fue también poeta y autor teatral. (JRJ. *Epistolario I*, carta 81, n. 310, p. 124).

[70] Crítico. Autor de *Los contemporáneos*. París: Garnier Hermanos, Libreros Editores, 1906. (JRJ. *Epistolario I*, carta 110, n. 4, p. 164).

tiene ahíto de su pedantería escolar; no hay carta suya que no venga llena de elogios hacia sí mismo; ya no le contesto; ni siquiera le he enviado mis *Baladas de primavera*, que están dedicadas a él; se las dediqué como correspondencia a sus estudios y artículos sobre mí; después, ya conocido a fondo, la dejé, por respeto a mí mismo. Como yo siempre digo la verdad, le escribí, contestando a una pregunta suya, que sus poesías me parecían traducciones mal hechas. Desde entonces, ¡cuánta tontería! Nunca me han molestado las opiniones desfavorables. Al contrario. Y sobre todo las de aquellos a quien yo se las pida porque los considere capaces de dármelas. Como cada uno debe tener plena conciencia de su arte, las opiniones ajenas pueden sernos siempre útiles, después de bien sopesadas. Espero la suya sobre *La soledad sonora*, *Pastorales*, y los dos manuscritos que le voy a enviar. Severa y sincera.

J.R.

[33]

[Moguer, abril de 1911][71]

Mi querido Enrique: sin contestación a mis preguntas todavía, le mando los manuscritos. Espero que me devuelvan los originales con las pruebas.— Como verá usted, falta mucho que corregir. Yo tengo la costumbre de decidir sobre las primeras pruebas, que me presentan las poesías en un aspecto nuevo. Además, me gusta "dejar descansar" las ideas y los sentimientos. Ve uno luego las cosas con más frescura.— Puede usted retener los manuscritos el tiempo que quiera. Espero su opinión sobre ellos y sobre *La soledad sonora*, que también le envío. De *Pastorales* no sé nada hace tiempo. Gregorio debe andar, sin duda, ocupadísimo, cuando no puede ponerme "ahora" dos letras.— Y su libro?
    Le abraza

J.R.

[71] Nota que acompaña el envío de los originales manuscritos de *Poemas mágicos y dolientes* y *Arte menor*.

Queda usted —se lo ruego—encargado de velar por esos originales (y de los asuntos editoriales) en el caso de que yo desapareciera mientras están en París.

[34]

[Madrid], 29-iv-911

Mi querido Juan Ramón:

Perdóneme, si el mismo día que los recibí, no le he hablado de sus libros. No tengo reposo en estos días. ¿Le he contado pormenores de mi trasla-do, de mi vuelta y de mi llegada? Yo pensaba haberme quedado aún por el extranjero dos o tres años, yéndome primero a Italia, haciendo algunos viajes y conservando siempre la residencia en París. Pero las cosas no se arreglaban bien. A Italia, sí me hubiera ido, pero a inmovilizarme en Turín, en lo que a mí menos me interesa, y sólo con unos días para poder dar un vistazo a lo interesante. Así pues, como en España, por el contra-rio, todo se me arreglaba bien, decidí volverme. Lo malo es que he tenido que hacerlo de pronto y con poquísimo dinero. Por lo demás, aquí estoy bien. Soy profesor de francés 2° y 3er curso en la Escuela Central de Idiomas recién creada. He sido nombrado además profesor de Historia del Arte en la de Artes y Oficios. Las dos son compatibles, y el trabajo que dan, deja tiempo libre, casi todo el día. Me estoy instalando en una casa que he tomado cerca de esta, en donde tengo a mis hermanos. Ayer recibí ya algunos muebles y los que tenía en París los espero para la sema-na que viene. La casa es en la calle de Ferraz n° 7. Muy alta, pero amplia, y clara. Ya en ella, estaré tranquilo, podré dedicarme a mis cosas, y espe-rar el nacimiento de mi hijo, para dentro de unos meses.—[72] ¡Con todo esto, figúrese si estaré aturdido, y si, en medio de todo, me sentiré feliz! Quisiera comunicarle un poco de esto, para que no me diga cosas tristes como las de su última carta, no porque yo no las quiera oír, sino porque deseo fraternalmente su bien y su alegría.

---

[72] Enrique Díez-Canedo hijo, nacido el 13 de septiembre de 1911.

Yo cuidaré, sí, de ese libro, en lo poco que me dé que hacer, pero U. lo hará todo, de fijo, y muchos más. ¡Y qué hermoso es! Encuentro en *Poemas mágicos y dolientes* una frescura y una pureza como de primer libro. Pero esto se encuentra en todos los de U. y *Arte menor* es una delicia. Los he leído, los volveré a leer y tomaré algunas notas para ese estudio que ahora tiene que ir de veras.

Lo que sí le diré es una cosa. Los originales, como U. me los manda, es peligroso, que vayan a manos de cajistas franceses. Como no entienden el idioma, y las correcciones están indicadas junto á la primera sección van a componer esta y las otras y van a armar un lío tremendo. No sé, además, si le mandarán el original, aunque eso U. y Gibbs lo arreglarían. Pero a mí me parece que lo mejor sería hacer aquí una copia enteramente igual a su original en cuanto a disposición pero con una sola versión, que U. cotejaría con este original cuando recibiese las pruebas. U. me dirá. De todos modos, usando de su permiso, yo he de retener el manuscrito unos ocho o diez días.

Paso a contestarle ahora á las preguntas que U. me hacía: Por el libro, que pasa a ser propiedad de la casa, dan 400 francos (ciento más pudiera ser, pero no es fácil). Al autor se le dan 25 ejemplares. La casa hace además un servicio de prensa y envía el libro a distintas personalidades de España y América. Pruebas, las envían dos veces. En la casa hay ahora un corrector español, pero el autor tiene que ver siempre su libro; esto era en París, pero supongo que al que esté fuera, lo mismo. En publicar el libro tardan bastante tiempo; es lo primero que le dicen a uno, y creo que yo se lo dije a U. El mío tardó casi un año; otros, más. Pagan cuando se publica el libro.— Creo que no se me olvida contestarle a nada.

¿Qué decirle de *La soledad sonora*? Será mejor que se lo diga en *La Lectura*. Ha llegado U. a la perfección.—Di a Fernando Fortún el ejemplar dedicado a él. Fernando le escribirá; está ahora muy ocupado con sus exámenes próximos; los últimos de la carrera. A Rafael Leyda le hablaré de la parte que le está dedicada en el libro inédito, y querrá conocerla.[73]

---

[73] "Ruinas", la segunda parte de *Poemas mágicos y dolientes* está dedicada "A Rafael Leyda, que llenaba de rosas mi primera soledad". (JRJ. *Epistolario I*, carta 222, n. 438, p. 310).

No está bien, el pobre, pero se defiende como un héroe. Tiene un niño precioso, ya de tres años cumplidos.

Ojalá pudiera encontrar yo la casa que U. desea, y que fuese por estos lugares! Crea que si no le recomiendo nada es porque nada sé o porque no tengo seguridad de que sea recomendable lo que conozca.

Mi libro lo recibirá pronto, pero no sé aún cuándo, porque todavía no lo tengo. A Gregorio le preguntaré por *Pastorales* en cuanto le vea. Estuve anteayer en su casa, hablando con María. El estaba de ensayo, en Apolo: una zarzuelilla que le hace pasar la pena negra. Esos son los inconvenientes de la popularidad.—Los inconvenientes, que los despeñaderos, son para Eduardo Marquina.[74]

¿Quiere U. enviar *La soledad sonora* á M. Georges A. Tournoux, Professeur à l'Université, 39 Boulevard Victor Hugo, Lille (Nord) Francia? Es un buen poeta amigo mío que conoce bien el español, ya le hablaré de él. Cordialmente suyo

Enrique

[35]

[Tarjeta postal ms. a Enrique Díez-Canedo. Ventura Rodríguez, 4]

Moguer, 3 de mayo de 1911

Mi querido Enrique:
retenga usted esos manuscritos hasta recibir carta mía. Hoy me es imposible escribirle detenidamente.

Le abraza,

Juan Ramón

Muchos recuerdos —y muy llenos de cariño— a Rafael Leyda.

---

[74] Eduardo Marquina (Barcelona, 1879-Nueva York, 1946). Poeta, periodista, autor de teatro.

[36]

Moguer [principios de mayo, 1911]

Mi querido Enrique: supongo en poder de usted mi postal. Su carta me ha hecho variar de pensamiento en el asunto Ollendorff; todas las condiciones me eran indiferentes, pero yo tenía entendido que la casa pasaba a ser propietaria de la edición, no de la obra. Alimento el sueño de ver —o de creer que voy a ver—todos mis libros en una edición igual, sencilla, seria, hecha a gusto mío. Y esto que usted me dice me rompe esta ilusión. Ahora bien, lo primero es la formalidad; si usted considera que hay el menor compromiso con monsieur Gibbs, no he dicho nada; por ninguna cosa dejaría a un amigo mío en mal lugar. Si, por el contrario, usted no ha ultimado nada con dicho señor, hágame el favor de entregar al señor Palenzuela —regente de la Tip. de Archivos, Olózaga 1— el manuscrito de *Poemas mágicos y dolientes*, en cuanto le sea posible. El de *Arte menor* —con la cubierta general, los índices, lista de obras, etc.— puede usted devolvérmelo cuando no lo necesite, sin prisa ninguna. Un día de estos, enviaré —con muchísimo gusto, pues que es encargo de usted— *La soledad sonora* a Mr. Tournoux. Puede usted disponer de los ejemplares que desee. Después de *Poemas mágicos y dolientes*, que quiero tener publicado en septiembre, pienso dar otro libro, *Melancolía* —también completo—, dentro de este año. Sigo sin saber nada de *Pastorales*. Parece que Gregorio se ha vuelto mudo. Nunca creí —puede usted decírselo; yo soy noble y no hablo más que de frente— que descendiera a ciertas cosas. Enrique, ¡qué pocos vamos a quedar puros de esta generación! Ant. Machado, usted y yo, por ahora. Y, ¡por Dios!, no vaya usted a leer versos sonoros en ningún salón, en ningún centro obrero, ni militar, en ningún teatro grande.

Me habla usted de Marquina. Leí su *En Flandes se ha puesto el sol*[75] —con alguna prevención porque su gran éxito de prensa me había hecho pensar mal de la obra—. Pues bien; la desilusión superó en mucho a la prevención. Mi juicio, después de la lectura, fue éste: De aquí a un año, aplaudirá otra vez el público a don Leopoldo Cano y a don José Echegaray. ¡Hasta el consabido

---

[75] Eduardo Marquina. *En Flandes se ha puesto el sol.* Madrid: Renacimiento, 1911.

"delirio insano"! ¡Y qué versos de principiante! Cada vez que leo el nombre de Marquina con motivo de cualquier beneficio, de cualquier banquete, de cualquier cosa, se me embastece más su representación. Y es lástima, porque a pesar de su rudo castellano de barro, ha escrito versos muy bellos. Con el *Cuento de abril*—¡qué prólogo de imitación tan ridículo!— de Valle Inclán, me sucedió lo propio. Aquello era un pisto imponente: había de todos. El enorme talento de prosista de Valle se obscurece —a mi juicio— cuando intenta el verso. Al menos, en lo que yo conozco. ¡Qué cosas tan extrañas! Ha leído usted una prosa más mala que la de Amado Nervo, tan delicioso poeta? Unos versos más malos que los de nuestro gran Benavente—aquel de *Cuento de amor*—? Me molesta tener que decir estas cosas, porque a algunos —a usted no— pueden parecer… apasionadas. En mí no se han dado jamás ciertas pasiones feas. He sido siempre de los del "jardín de efusión"; muchos poetas, muchos pintores, muchos músicos; y a admirarse, y a comprenderse, y a quererse! Pero esto no es posible. Casi todos —Benavente, Marquina, Gregorio, Villaespesa, M. Machado,— se han dejado arrastrar por esa agua sucia y ruidosa de la popularidad. Esa mujer del arroyo! Felicito a usted, desde ahora, por esa dicha que va a traerle de lo azul su hijo, que ya viene. Que nazca con una aurora de oro —eterna!— en el corazón!

Le abraza su

Juan Ramón

[37]

[Principios de junio, 1911]

Mi querido amigo: Me extraña mucho no haber tenido carta de usted después de la última que le escribí y del envío de *Pastorales* —para usted y para Fortún.—Quiere usted ponerme cuatro letras diciéndome si entregó a Palenzuela el manuscrito de *Poemas mágicos y dolientes*?—Tuve carta de Leyda. Mañana pienso escribirle.— ¿Y esa casa para mí?

Su, J.R.

Moguer

Su libro no ha llegado todavía. ¿Qué le sucede a usted?

[38]

[Madrid] 19-VI-911

Querido Juan Ramón: Hace U. bien en preguntarme qué me sucede. Ahora se lo contaré. Sepa, ante todo, que entregué, hace ya muchos días, el manuscrito de *Poemas mágicos y dolientes* á Palenzuela. Me dijo que aún no le había escrito U. El de *Arte menor* se lo devolveré uno de estos días, con mi libro que le he de enviar. Perdone que no lo haya hecho antes pero no es culpa mía del todo.

Lo que me pasa es que no paro desde que llegué a Madrid, siempre con cosas desagradables. Le dije, me parece, que además de la cátedra que tengo en la Escuela Central de Idiomas, me habían nombrado profesor de la de Artes y Oficios, para la asignatura de Elementos de Historia del Arte. Pues de ahí vienen todas mis desdichas, porque me encontré con personas que tenían interés por que se nombrara a otro, y me han hecho una guerra sorda, sin dar nadie la cara, pero dificultándomelo todo. Tomar posesión me costó casi un mes, y tuve que presentar una porción de documentos, inútiles los más. Y una vez tomada posesión, consiguieron armarme un lío en la ordenación de pagos que no se ha podido resolver más que por una R.O. Gracias que conozco al subsecretario y que el ministro estuvo a mi favor, que si no lo pierdo todo de la manera más sencilla. Se lo cuento tan por menudo, para que se forme U. una idea de lo que habré tenido que pasar entre gente grosera y mal intencionada que me ha tenido hasta el 14 de este mes yendo todos los días al Ministerio, pasándome allí dos ó tres horas y quedándome destrozado para el resto del día. Pero ya pasó, y hasta otra.

Con todo esto —agravado por mi total inexperiencia burocrática— no he tenido serenidad de espíritu para hacer nada, y se han ido pasando los días como nunca se me habían pasado. Ni leer podía siquiera.

Sus *Pastorales* fueron un consuelo. Le di a Fernando Fortún el ejemplar que me enviaba para él. Fernando ha ido a Valladolid, a examinarse, porque quiere acabar pronto la carrera. ¡Qué bien está *Pastorales*, aun después de conocer las *Elegías* y los *Poemas mágicos y dolientes*; y con qué gusto he vuelto a leer las "ilustraciones líricas" al *Teatro de Ensueño*!

Con Ollendorff no había compromiso ninguno, así que por esa parte puede U. estar sin cuidado. Ahora ha publicado en aquella casa un libro Villaespesa, *Torre de marfil*, que acabo de recibir con otro de Blanco Fombona,[76] en el que hay algo dedicado a U.

Lo de Villaespesa está bien. No así el drama que le va a estrenar la Guerrero[77] en Granada. Tiene buenos trozos líricos, pero el drama es nimio y truculento y desmañado. Estoy en todo conforme con lo que U. me decía últimamente de este teatro poético. *Cuento de abril* me parece horriblemente cursi. Sigo creyendo que nuestro único teatro poético está en *Águila de blasón, Romance de lobos*,[78] y algo de lo bueno de Benavente.

Gregorio se fue a Londres. He visto *La suerte de Isabelita*, que no está nada mal. A la gente le gusta, pero le extraña.

¿Ha visto la revista que dirige Rubén Darío? Un "magazine" lujoso, pero muy americano.[79]

Nada le puedo decir de casa. Siempre que tengo ocasión, pregunto, pero no le he de recomendar nada de que yo no esté perfectamente seguro.

Con que perdóneme. Pronto le escribiré hablándole de proyectos y lecturas. Suyo

Enrique

---

[76] Rufino Blanco Fombona (Caracas,1874-Buenos Aires, 1944). Crítico, poeta, ensayista y diplomático. Vivió en París desde 1910 y en Madrid de 1914 a 1936. Se trata del libro *Cantos de la prisión y del destierro* (París: Librería Ollendorff, s/a) y del poema "Cura de aldea", dedicado a Juan Ramón Jiménez.

[77] María Guerrero (Madrid, 1868-1928), primera actriz.

[78] *Águila de blasón; Romance de lobos*, dos de las "comedias bárbaras" de Valle Inclán, publicadas en 1907.

[79] Se refiere a *Mundial Magazine* (París, mayo de 1911-abril 1914), revista en que Rubén Darío figura como "director literario".

[39]

Moguer [enero de 1912]

Queridísimo Enrique:
¡qué de tiempo sin saber de usted ni de sus cosas! Esperando su último libro todos los días, no le había contestado. Ahí tiene el que acabo de imprimir;[80] y, en breve, irá *Melancolía*, que está en prensa. Seguramente, no le habrán faltado a usted ratos que dedicarme. Los sanos y los optimistas tenéis el deber de "visitar a los enfermos" y de endulzarles un poco la existencia. ¡Pero ya veo que la existencia os es lo suficientemente dulce para que nos olvidéis del todo! ¿Puede usted decirme lo que a Gregorio —¡otro olvidadizo!— le pasa? María me escribe que nada grave; y la prensa —¡había que procesarla!— ha dado hasta la noticia —¡así!— ¡de su muerte!
    Le envié a usted mensajes de cariño con Pedro García Morales y con el pintor Pompey[81] —que estuvieron aquí este verano—. Sacuda bien a Pompey para que se deje de imitaciones y se busque a sí mismo, que tiene donde encontrarse. Es muy inteligente, pero la falta cultura y serenidad. La Diputación de Huelva, a pesar de que hemos hecho más de lo humano, no lo ha pensionado; espero, sin embargo, que lo pensionará pronto. Ayer me dice Pompey que le está haciendo a usted un retrato; a mí me hizo un carbón, que me había pedido Rubén Darío para ese *Mundial* y a mi hermano un óleo que está muy bien, de color sobre todo. ¿Quiere usted entregarle ese libro? Los otros, para Rafael Leyda, a quien quiero tanto, y para el eclipsado Fortún. Gracias. Escriba... más.
    Le abraza estrechamente su

Juan Ramón

Cuando usted pueda, envíeme *Arte menor*. Tengo que trabajar en los versos.

---

[80] "Sin duda, se trata de *Poemas mágicos y dolientes*. Por otras cartas, vemos que Juan Ramón empezó a enviar este libro en enero de 1912, lo que nos permite datar aproximadamente esta carta". (JRJ. *Epistolario I*, n. 22, carta 419, p. 632).
    [81] Francisco Pompey (Puebla de Guzmán, Huelva, 1887- Madrid, 1974).

[En el sobre de esta carta, sin sello de correos (quizás mandada personalmente), la siguiente nota]: "He cerrado, sin darme cuenta, las otras cartas. ¡Perdón! Puede abrirlas, ¿eh?"

[40]

[Tarjeta postal enviada a Ferraz, 7]
Moguer, 1 de febrero de 1912

Queridísimo Enrique:
me extraña su silencio. Le ruego que me envíe *Arte menor*. Perdóneme si torno a pedírselo, pero es que lo necesito de veras en estos días. Me escribieron Fortún y Pompey. Gracias por su "actividad" en el reparto de libros.
     Le abraza su

J.R.

[41]

[Tarjeta postal enviada a Ferraz, 7]
Moguer [marzo de 1912]

Queridísimo Enrique:
¿está usted enfadado conmigo? Me extraña mucho su largo silencio. Sé que recibió usted mi último libro y mi carta, porque Fortún y Pompey me escribieron agradeciéndome los ejemplares que usted les entregó en mi nombre. Supongo que nada malo le ocurrirá a usted ni a los suyos. ¿Cómo sigue Gregorio? ¿Qué es lo que tiene? Escriba.
     Le abraza su

J.R.

[42]

[Moguer, 1912]

Mi querido Enrique:
¿no está usted en Madrid? ¿Qué le sucede? Supongo en su poder mi
último libro, una carta y una postal. Estas cuatro letras le llevan una
pregunta. Una *yankee*, sumamente inteligente, amiga mía,[82] me escribe diciéndome: que la revista inglesa *The Poetry Review*[83] anuncia una
serie de estudios sobre poesía moderna extranjera. Que ella querría
traducir uno bien hecho, conciso y serio, sobre la española. Que si yo
podría enviarle un buen estudio y lo querría hacer. Yo, recordando que
usted me escribió hace tiempo que tenía un estudio sobre este asunto,
para una revista italiana, me he acordado de usted, que tantos materiales tiene dispersos sobre el asunto. No me dice si la revista paga o no y
me ha parecido delicado preguntarlo. En todo caso crea que, pues hay
ocasión de que una buena revista extranjera vuelva la vista a España,
no estaría de más —más por lo espiritual que por lo del momento—
aprovecharla. Dígame lo que piensa sobre esto. Si usted no puede vea
quién, de entre nuestros amigos, lo haría bien y con gusto. En breve va
Melancolía.
    Le abraza su,

J.R.

¿Conoce usted la revista? Empezó en enero. A mí me la mandan. Envíeme
también ejemplares de sus libros pues mi amiga va a traducir también
versos de poetas modernos de España.

[82] Se refiere a Luisa Grimm (JRJ. *Epistolario I*, carta 244, n. 524).
[83] *The Poetry Review*. Londres, 1912-1913. Revista mensual creada por el poeta y
librero Harold Monro (1879-1932).

[43]

10-V-913

Querido Juan Ramón,
Mañana domingo podrían venir a comer con nosotros, U. y Fernando Fortún. Este está conforme; si U. no tiene otro compromiso, le agradeceré que me avise diciéndome que viene. Comeremos a las nueve.
Suyo

Enrique

[44]

[Papel de: Renacimiento. Sociedad Anónima editorial]

Querido Enrique:
tendré muchísimo gusto en comer mañana con ustedes. Estaré a las nueve en punto. A los pies de su Sra.
Su

J.R.

[45]

[Madrid, 22-v-1913]

Queridísimo Enrique: pensando esta mañana en la revista, se me han ocurrido varios títulos. Vea usted:
    "Nueva Academia"
    "Revista estética"
    "Revista dórica"
    "Unidad": (prescindiría de este título para mi libro).

"Plenitud"

"Cenit"

"Belleza"

"Armonía"

"Platón"

"Noûs" (el "alma divina" de Platón)

De todos, hay uno que me gusta sobremanera: "Revista dórica", en el sentido griego* de severidad, aristocracia, idealismo. Si este título se aceptara, la redacción de la cabecera de la cubierta podría ser así:

Revista dórica

(pureza, idealidad, armonía)

Piense usted despacio en ello y decida lo que crea más conveniente. ¡Perdón… y gracias!

A los pies de su señora, y un beso al nene.

Suyo, del todo,

Juan Ramón

*¡naturalmente!

[46]

[Logotipo: Madrid. Ateneo Científico, Literario y Artístico] 13-XII-913

Querido Juan Ramón: Al llegar al Ateneo me han dicho que U. había encargado que me avisasen de que vendría por aquí esta tarde a las 4. El teléfono no ha funcionado después, y no he podido comunicarle que tengo oposiciones todas las tardes. Si algo quiere de mí, haga el favor de dejarme dos letras.

Siempre suyo

Enrique

Fernando Fortún sigue un poco mejor.

[47]

Querido Juan Ramón: Estos son los versos de Fortún.[84] La prosa se está copiando aunque algo va aquí, y los fragmentos, lo mismo.

Vea usted los versos. Si hay algo que no deba ir, apártelo; y en cuanto al orden, determínelo también, aunque yo he intentado ya algo de agrupación. Sin embargo, no está hecho del todo.

Si le parece, desde luego se puede mandar a la imprenta para que el libro no se retrase.[85] Yo le veré un día de estos.

Suyo

Enrique

7-VI-914

[48]

Querido Juan Ramón:
He venido temprano para verle, pero ya había U. escapado.— Aquí está lo que faltaba de Fernando. Haga el favor de verlo y de tomarse un trabajo que sólo U., con su cariño y su buen gusto puede hacer: escoger, entre los fragmentos de cartas, lo que haya de publicarse, y lo mismo entre otros fragmentos de versos y notas, que requieren cuidado especial; porque algo hay que, evidentemente, no es suyo, sino frases copiadas al azar de una lectura porque lo [falta el final de esta carta].

[84] Fernando Fortún murió el 6 de mayo de 1914 a consecuencia de una tuberculosis pulmonar.

[85] La edición póstuma de los textos de F. Fortún, *Reliquias (1907-1913)*, apareció en Madrid en 1914, al cuidado —no se dice— de E. Díez-Canedo y Juan Ramón Jiménez. Contiene una selección de su poesía, prosa, fragmentos y cartas.

[49]

Burgos, 25-VIII-915[86]

Querido Juan Ramón: Aquí llevo ya un par de días de descanso y de fresco. No hago nada, ni creo que haré nada hasta que vuelva a Madrid, a primeros de mes. Si llega a la residencia algo para mí, haga el favor de enviármelo a la fonda de Martín Ávila, calle del Almirante Bonifaz, lo mismo que el libro de Azorín, y Beethoven, si sale antes de que yo regrese. Los chicos están contentos, y yo igual, de verlos.— Muchos saludos de Teresa; míos para Alberto Jiménez muy afectuosos. Suyo

Enrique

[50]

[Madrid, fines de agosto de 1915]

Mi querido Enrique:
gracias por su recuerdo. He dicho en la portería lo del correo y he dado a Manuel sus señas, a fin de que le remitan al instante lo que para usted venga. El libro de Azorín[87] lo tenía usted ya en su casa cuando llegó su aviso. El de Beethoven[88] está para terminarse. Vi lo de *España* y corregí pruebas. Otra vez gracias.

Recuerdos a Teresa y besos a los niños. Para usted un abrazo de su

J.R.

Alberto se fue a Málaga.

[86] Archivo Histórico Nacional. Fondo Juan Ramón Jiménez, 326/8.
[87] Azorín. *El licenciado Vidriera*. Madrid: Publicaciones de la Residencia de Estudiantes, 1915.
[88] Romain Rolland. *Vida de Beethoven*. Trad. de Juan Ramón Jiménez. Madrid: Publicaciones de la Residencia de Estudiantes, 1915.

[51]

13 de agosto [1916]

Mi querido Enrique:
gracias por su postal de "oásis".— Recibí también los cuentos. ¿Puede usted decirme los que piensa hacer, poco más o menos? ¿? porque debo "repartir" los 100. Gracias.— ¿Qué recibo debo hacer para *España*? Prefiero que me diga usted la "costumbre" del periódico. ¡Y otras gracias!

Zenobia me devuelve sus recuerdos, cariñosamente. Míos a Teresa, besos a los nenes, y un abrazo para usted.

J.R.

Conde de Aranda, 16.

[52]

12 de octubre [1916]

Mi querido Enrique:
He enviado a usted, hace días, una carta a *España*. Me dice Moreno Villa[89] que no va usted por allí. Le agradeceré que la reclame y me envíe el contenido.

Le abraza su

J.R.

Conde de Aranda, 16

---

[89] José Moreno Villa (Málaga, 1887-México, 1955). Escritor, ilustrador y pintor.

[53]

3 de abril, 1917

Mi querido Enrique:
le mando "El Jardinero" y "Azul"... —el ejemplar que le prometí.— Si usted piensa hacer algo sobre el libro de Tagore en *España*, y copia algunos de sus poemas, le ruego que escoja, si a usted le gustan esos, entre los nos. 7, 9, 20, 32 y 62. También puedo enviarle un magnífico retrato de Tagore. Y aparte de esto, dígame su opinión sobre nuestra traducción, sin ningún reparo porque Zenobia está en ello.

Recuerdos de y para T.

Un abrazo para usted de su

J.R.

[54]

Ondárroa, 22-VIII-917

Un cariñoso saludo desde este delicioso país. Recuerdo con mucho gusto el rato que pasé junto a ustedes hace un mes. Supongo que el libro habrá adelantado mucho en este tiempo.

Muy suyo

Enrique Díez-Canedo

[55]

Madrid, 10 de julio 1919

Sr. D. Enrique Díez-Canedo.

Mi querido amigo:
he estado en su casa dos veces y no he tenido el gusto de encontrarle.
Como lo que iba a decir a usted es largo para escrito, lo dejo hasta que
nos veamos en cualquier parte.
De usted afmo. amigo

Juan Ramón Jiménez

[56]

Sr. D. Juan Ramón Jiménez

Querido Juan Ramón: Le doy muchas gracias por los dos libros que me
ha enviado. Ya conocía *Piedra y cielo*, y lo había leído con el fervor de
siempre por todo lo suyo.
Siento no haber estado en casa cuando vino. Tengo a mi familia
fuera y ando un poco errante. Le agradeceré que me diga por teléfono a
España, después de las cuatro, dejando el recado si no estoy, a qué hora
podré verle.
Es como siempre muy suyo

E. Díez-Canedo

12-VII-919

[57]

[Logotipo: Madrid. Ateneo Científico, Literario y Artístico] 14-VII-919[90]

Querido Juan Ramón:
Quedé en ir a cenar con Uds. mañana martes sin recordar que es el día de mi santo y que prometí a mis hermanos pasarlo con ellos. Creo que será lo mismo que vaya el miércoles a casa de U. Si tuviera quehacer o propósito para ese día, le agradeceré que me lo advierta y quedará para otro.
    Muchos saludos a Zenobia.
    Es, como siempre, muy suyo

E. Díez Canedo

[58]

Madrid, 11 de abril de 1920

Sr. D. Enrique Díez-Canedo

Mi querido Enrique:
fui ayer a su casa y no tuve el gusto de encontrarle. Muchísimas gracias, en nombre de Zenobia y mío, por su buen artículo de *España*.[91]
    Su
Juan Ramón

Gracias también por unas cariñosas alusiones que he encontrado en sus artículos de *El Sol*. Va "Mashi".[92]

[90] Archivo Histórico Nacional. Fondo Juan Ramón Jiménez, 304/8.
[91] E.D.-C. "El cartero del rey, de R. Tagore, trad. de Zenobia Camprubí". *España*, 10 de abril de 1920.
[92] R. Tagore, "Mashi [cuento]". Trad. de Zenobia Camprubí. Madrid: *Hermes*, núm. 59, 1920.

[59]

Madrid, 9 de octubre 1920

Mi querido Enrique: Le mando esto para *España*. Tengo entendido que no pueden pagar, pero eso no importa. Lo que deseo, nada más, es que me corrijan bien las erratas, si es que yo no puedo leer pruebas.
    Suyo, Juan Ramón.

Pienso que es necesario ponernos de manera más evidente entre las izquierdas claras; y que nuestros trabajos vayan a ellas, con toda su pureza y calidad.

[60]

Madrid, 16 de octubre 1920

Mi querido Enrique: le mando nuevos versos para *España*.[93] Me gustaría corregir las pruebas antes del 25, porque tengo que ir, en los últimos días de este mes, a Moguer. Luego, usted publica los versos cuando le convenga —dejando pasar, por lo menos, dos números, después del que llevó "En la rama..."—[94]
    Gracias por todo.
    Suyo, Juan Ramón

Pronto empezaré a mandarle series de "Ética estética" y de "Actualidad y futuro", alternando con los versos. ¿Le parece a usted bien que demos un trabajo cada mes? ¿O es mucho?

[93] JRJ. "La realidad invisible (1917-1919)". Madrid: *España*, núm. 287, 30 de octubre de 1920, p. 9.
[94] JRJ. "En la rama del verde limón". Madrid: *España,* núm. 284, 9 de octubre de 1920, p. 13.

[61]

Madrid, 12 de noviembre 1920

Querido Enrique:
un nuevo trabajo para *España*.[95] No se moleste usted con las pruebas, que ya me entenderé yo con Pedroso. Gracias.

Del librito de Corpus Barga[96] nos corresponden, a cada uno 39 ptas.; pero no se preocupe usted de ello, hasta que buenamente le convenga mandármelas.

Recuerdos. Suyo

Juan Ramón.

No he podido irme todavía. Creo que saldré el 29.

[62]

Madrid, 19 de noviembre 1920

Sr. D. Enrique Díez-Canedo.

Mi querido Enrique:
le mando a usted, para *España*, esas poesías de Federico García Lorca,[97] un joven poeta granadino, a quien no sé si usted conoce ya; tan tímido, que, a pesar de cuanto le he dicho animándolo, no se ha atrevido a man-

---

[95] JRJ. "Ética y ética estética (1914-1920). Madrid: *España*, núm. 290, 20 de noviembre de 1920, pp. 11-12.

[96] Andrés García de la Barga, "Corpus Barga" (Madrid, 1887-Lima, 1975). Narrador y periodista. En 1920 Juan Ramón Jiménez editó su libro *París-Madrid. Un viaje en el año 19* (Madrid: Establecimiento Tipográfico), que recoge una serie de crónicas aparecidas en *El Sol*. Al año siguiente entró a colaborar en *Índice*.

[97] F. García Lorca. "Madrigal". Madrid: *España*, núm. 293, 11 de diciembre de 1920, p. 12-13.

darlas él directamente.— También envío hoy otras cosas suyas a Rivas,[98] para *La Pluma.—*

Me parece que tiene este cerrado granadí un gran temperamento lírico. ¡Qué gusto ver llegar "buenos nuevos!" ¡Espina García, Salazar, Guillén, García Lorca…, otros! ¡Qué alegría!— Espina es, sin duda, excepcional. ¡Lo bien que ha "cojido" su ingenio!—

Suyo, Juan Ramón

Supongo en su poder mi "envío" de anteayer.— Perdón por el pareado!—

[63]

Madrid, 30 de noviembre 1920.

Sr. D. Enrique Díez-Canedo.

Querido Enrique: deseo hablar con usted sobre una revista que va a publicar una casa editorial de Madrid y para la cual me han pedido un plan general.

Pienso proponer* que usted haga una crónica —bimensual—, informativa y crítica, de literatura española y extranjera; lo más "completa y restringida" posible.

Mañana por la tarde, voy a entregar a los editores mi proyecto, y me gustaría ver antes a usted. Estaré en casa toda la tarde de hoy —hasta las 9.

Suyo, Juan Ramón.

*, si a usted le parece bien,

Este asunto, por ahora, es reservado.

---

[98] Cipriano Rivas Cherif, fundador, con Manuel Azaña, de la revista mensual *La Pluma* (junio de 1920-junio de 1923).

[64]

Madrid, 18 de enero 1921

Mi querido Enrique:
esos versos, para *España*. ¿Podrán ir en este próximo no.? Si no, es lo mismo.

También le mando *Jinetes hacia el mar*[99], ¡al fin! ¡Cinco meses en la encuadernación!

"La espiga", marcha. Pronto citaré a usted para una reunión "restringida".

Suyo

Juan Ramón

(¡Esas terribles traducciones de *España*! ¡Y las erratas de toda clase! Es una pena que no se ocupen del periódico, un poco más. Da vergüenza leer ciertas cosas; ¿no le parece a usted?)

[65]

Lunes

Querido Enrique:
nos reuniremos el miércoles, ¿a las 9? Si está aquí Ors, ¿podía usted avisarle?

Le ha gustado a usted el boletín? Ya tenemos en la imprenta el papel blanco.

Suyo

J.R.

[99] John M. Synge. *Jinetes hacia el mar*, Trad. de Zenobia Camprubí Aymar y J. R. J. Madrid: Imp. Fortanet, 1920.

CORRESPONDENCIA J. R. J. / E. D.-C.

[66]

29 de abril [1921]

Querido Enrique:
le mando esa prueba, que espero me devuelva con las indicaciones que se le ocurran.

Nos reuniremos el lunes o el martes; (ya le avisaré).

Gracias por la parte que nos toca en su artículo de *La Voz*.[100]

Suyo

J.R.

[67]

29-IV-1921

Querido Juan Ramón:
Me parece perfectamente el modelo de boletín y se lo devuelvo tal como vino.

Voy a Bilbao, a dar una conferencia. Saldré, creo, el lunes de Madrid y no regresaré hasta el viernes o el sábado. Ya trataré de verle antes.

Supondrá U. que los títulos de ese artículo de *La Voz* no son cosa mía.

Muy suyo

E. Díez-Canedo

---

[100] E.D.-C. "Rabindranath Tagore, el poeta y separatista". Madrid, *La Voz*, 28 de abril de 1921.

[68]

2-VI-1921[101]

Querido Juan Ramón: Le mando unas traducciones y unas notas bibliogr., según convinimos. He querido llevárselas yo pero estos días anduve muy atareado.

Perdone que le envíe también mis pruebas; puesto que U. ve más a menudo a Maroto[102] le será fácil dárselas.

Suyo

E. Díez-Canedo

Adjunta una carta de Corpus Barga.

[69]

12-VI-1921[103]

Querido Juan Ramón:
Corpus Barga enviará mañana el papel a la imprenta. Escribo a Maroto diciéndoselo. Por la tarde, vamos a ir a la Exp. Bacarisas, a las cinco, poco más o menos. ¿Irá usted? También irá con nosotros Salinas.

Suyo

Enrique

---

[101] Archivo Histórico Nacional. Fondo Juan Ramón Jiménez, 304/9.

[102] Gabriel García Maroto (La Solana, Ciudad Real, 1889-México, D.F., 1969). Pintor, ilustrador, impresor, editor y poeta. Autor, entre otras, de las viñetas a color de la revista *Índice*. A partir de 1922 se acercó en su pintura y sobre todo en sus ilustraciones a los postulados de la vanguardia.

[103] Archivo Histórico Nacional. Fondo Juan Ramón Jiménez, 304/10.

[70]

6-VIII-1921[104]

Querido Juan Ramón: Llevo unos días de no parar y hasta hoy pude acabar los *Tópicos*.[105]
  Ahí van, con unas notas bibliográficas.
  Iré a verle y a la imprenta.
  Suyo

E. D-C.

[71]

[Nota en papel de: *Índice* (Revista mensual)]

Adiós, Juan Ramón. Ya le escribiré despacio. He corregido todas mis pruebas y he visto lo de Corpus,[106] sin tocarlo. Creo que sólo el título conviene modificar, poniendo únicamente "El Gobernador". Se lo he dicho a Maroto; vigílelo usted. Le he dicho también que quizá es indispensable, puesto que hay previa censura, llevar las pruebas al Gobierno Civil, ajustadas o en galeradas.
  Saludos a Zenobia y hasta pronto.
  Muy suyo

E. Díez-Canedo

6-VIII-1921

---

[104] Archivo Histórico Nacional. Fondo Juan Ramón Jiménez, 304/11.

[105] "Tópicos". Sección de crítica a cargo de E. Díez-Canedo en la revista *Índice*. Aparece en los números 1 al 3.

[106] En el núm. 3 de *Índice* (1921) Corpus Barga publica "El gobernador".

[72]

Zarauz (Mayor 23). 19-VIII-1921

Querido Juan Ramón:

A usted, que no le gusta el ruido, le horrorizaría aun más que a mí este pueblo, por otra parte delicioso. Pero no hay manera de estar en él un poco tranquilo. Mi calle, además, continúa la carretera que va de Bilbao a San Sebastián y es el más completo muestrario de ruidos discordantes que se pudiera imaginar. A veces, en esa populosa y estrechísima calle, se para un automóvil galoneado y baja de él una dama norteamericana que no habla español y poco francés, que no ha leído a Pío Baroja ni a Gabriel Miró y que se empeña en hablar a sus ávidos compatriotas de esos dos novelistas, buscando entre ellos, a falta de analogía, el contraste. Ya sabe U. a quien me refiero. Esa dama estuvo inútilmente en Ondárroa y logró por último descubrirme aquí. Yo en todo el día de hoy no tengo más que un deseo, al parecer absurdo: el deseo de que Pío Baroja esté de regreso en Vera. Porque si él no está ahí, voy a tener que ir esta misma tarde, sin gana ninguna, a San Sebastián. Con todo esto no crea que me olvido de *Índice*, que gravita ahora todo entero sobre usted. Nadando entre las olas cantábricas, le tengo muy presente y deseo poder ayudarle tomando mi parte de trabajo material. De Bilbao recibí unas suscr. ? que envié a Ricardo,[107] y de Santander me manda Gerardo Diego los adjuntos ultraísmos.[108] Pedro Emilio Coll sólo se aviene a colaborar, y me asegura que está ahora muy apartado de las letras. Le ha hecho un gran efecto la revista.

Adiós, Juan Ramón. Muchos saludos a Zenobia y de Teresa para los dos. Muy suyo

Enrique

[107] Ricardo Díez-Canedo. En el número 2 de *Índice* aparece como secretario de la revista.
[108] Véase Gerardo Diego. "Tres poemas" (del próximo libro *Imagen*): "Estética", "Verbos", "Movimiento perpetuo". Madrid, *Índice* núm. 3, 1921, p. 46-VI.

[73]

Madrid, 20 de noviembre 1922[109]

Sr. D. Enrique Díez-Canedo

Mi querido Enrique:
la cena a Ortega, en la apestosa "Cripta" me reaseguró en mi odio de
siempre contra tales agasajos. Por mi no asistencia al banquete de esta
noche, reciba ese recuerdo de su amigo normal

Juan Ramón

[74]

Legación de España[110]
Montevideo 1-1-1934

Querido Juan Ramón: Sea mi primer saludo de este año nuevo para
usted. Le recuerdo mucho, y he tenido ya ocasión, en varias conferencias,
de hablar de sus versos. No me olvide cuando algo nuevo salga.— A
Zenobia nuestros mejores afectos con todos los de esta casa para usted.
Su amigo

E. Díez-Canedo

[109] Nota en la que Juan Ramón se excusa de no asistir al "homenaje" a Díez-Canedo
organizado por Ramón Gómez de la Serna en la Cripta del Pombo el 20 de noviembre
de 1922.

[110] Díez-Canedo vivió en Montevideo desempeñando el cargo de embajador de
España desde febrero de 1933 hasta julio de 1934.

[75]

[Tarjeta postal con bailarinas balinesas][III]
14-II-1936

Un saludo desde la isla de Bali, mejor aun que su fama.
    Hasta muy pronto
    E. Díez-Canedo

[76]

Trianon Palace Hotel [París]
24-IX-37

Querido Juan Ramón: Le escribo desde París, de regreso de Londres, a
donde fui para despedir a mi hija Ma. Luisa que va a pasar este curso en
Wellesley College. Espero que usted y Zenobia, si van a Boston, o quizá
al colegio mismo, la vean. Sabemos que llegó muy bien. Y ha de estar en
él más contenta que nosotros, teniéndola lejos.
    Yo me vuelvo a Valencia en donde tengo algún quehacer de I. P., entre
otras cosas, y desde ahora, la revista *Madrid* que tal vez haya visto. Va a salir
de dos en dos meses; ya preparamos un número. Yo quisiera que, parte
principal de él, fuera algo suyo. Me ha prometido un estudio sobre usted en
Oxford, Enrique Moreno.[112] Pero a mí me gustaría algo suyo inédito, y
cuanto más abundante mejor. A mí, y a todos por supuesto. Yo le mandaría
a donde me dijera lo que haya de ser pequeña compensación metálica; y esto
no se lo digo "para animarle" claro está, pero tampoco para desanimarle.

[III] Díez-Canedo hizo un viaje a Filipinas de mediados de diciembre de 1935 a mediados de marzo de 1936. Dio una serie de conferencias en la Universidad de Filipinas sobre
literatura y pintura española.
    [112] Enrique Moreno Báez (Sevilla, 1908-¿?, 1976). Hispanista, profesor en Oxford y
Cambridge. En el núm. 3 de la revista *Madrid* (Barcelona, ~~mayo de~~ 1938) publicó el
estudio "Juan Ramón Jiménez" (pp. 81-88). Era entonces (y así firma su texto) lector de
la Universidad de Oxford.

Lo que sí le agradeceré, además, es que me envíe cuando pueda, a mis señas de Londres, que abajo le pongo, lo que haya publicado. Ahora he hecho encuadernar allí, y ha salido bastante bien, *Unidad*, *Presente* y algo más suyo. Allí está Joaquín, mi hijo, que le envía muchos saludos y me dice que no le olvide usted. Déle a Zenobia muchos y expresivos recuerdos de parte nuestra, y también míos a José Camprubí. Y ya sabe que es su amigo de siempre

E. Díez-Canedo

59 Warwick Road, Earls Court. London, S.W.5.

[77]

[Vermont, agosto de 1942]
[Carta de Teresa a Zenobia escrita desde Middlebury College.[113] Con una nota de ED-C]:

Estoy en pleno trabajo —mejor dicho, en pleno descanso, porque el trabajo de las clases no es mucho y el cambio con los quehaceres y pre-ocupaciones de México sirve de descanso evidente— y muy triste por tener que volver de prisa, sin disfrutar un poco de este asueto, tan de prisa como vinimos en un viaje que, preparado desde mucho tiempo, tuvo que ser casi improvisado. ¡Cuánto hubiera querido estar con ustedes unos momentos! No olviden a su amigo de siempre

E. Díez-Canedo

[113] Díez-Canedo estuvo en Middlebury College como profesor invitado en julio y agosto de 1942.

[78]

México D.F., 7-I-1943
Chihuahua 156-C

Querido Juan Ramón:
Ya que no pude verle este año en los EE.UU. por mis dificultades de
tiempo, y que no sé directamente de usted hace tanto, quiero, en primer
lugar, en estos comienzos de 1943, enviarle, y juntamente a Zenobia, mis
cariñosos saludos, y los de toda esta familia. Luego, decirle que voy a dar
un cursillo en la Universidad de México sobre La poesía de J.R.J, en seis
conferencias: I. La España poética de Rubén Darío en 1892 y 1898. J.R.J.
y el Modernismo. II y III. J.R.J. en su poesía esencial. IV. La prosa se hace
poesía. V. J.R.J., crítico de sí mismo y de los demás VI. J.R.J. y sus resonancias. Este es el plan. Tengo, por fortuna, aquí, todos sus libros, que
pudieron salvarse entre lo que yo tenía en España. Pero me gustaría saber
algo de sus actividades recientes y proyectos de realización inmediata. Si
algo puede decirme, le agradeceré que lo haga en seguida, porque el
cursillo —aun no se han fijado fechas— ha de darse entre fines de enero
y principios de febrero. El anuncio creo que ha despertado interés. Siento
que no pueda usted conocer de antemano lo que voy a decir, pero no sé
si lo haré todo escrito o, en parte, de palabra. Desde luego ya puede usted
figurarse que pondré en ello todo mi cariño y admiración.

Uno y otra se los reitero aquí una vez más. Yo no cambio. Hasta
ahora, puedo más que mis años, aumentados hoy mismo en una unidad.
Muy suyo

Enrique Díez-Canedo

[79]

Washington, 1-agosto, 43
"Dorchester House"
2480 Sixteenth St. N.W.

Sr. D. Enrique Díez-Canedo,
Méjico

Querido Enrique:
estoy escribiéndole otra carta, que me está saliendo larga y literaria, y creo que voy a enviarla, como carta abierta, a *Rueca* o a otra revista "heroica". En ella le hablo de todo lo que puede interesarle a usted de mi trabajo actual.[114] Esta es corta y urgente.

Ayer se me ha ofrecido, con tanteo, un cargo que considero excepcionalmente deseable por lo fértil y lo grato. Nada en los Estados Unidos me gustaría más. Pero yo, que en este momento he aceptado un compromiso con la División de Radio de la Oficina del Coordinador, para trabajo de crítica literaria, y que estoy preparando varios libros para Losada, aparte de otras empresas menores, he pensado en usted para el cargo dicho y he propuesto su nombre condicionalmente, para asegurarme de él en el caso en que usted acepte esta propuesta.

El destino es de carácter literario y permanente, en una institución respetable. No es universidad. Las horas de trabajo son las de la mañana solamente. El sueldo es de $3400 anuales, con la posibilidad de una secretaría, que podría desempeñar una de sus hijas, pagada con el sueldo usual para estos cargos, supongo que de $1500 a $1800 anuales. No me es posible darle más detalles.

Si usted acepta en principio, yo debo proponer y recomendar a usted. Luego, un consejo y un presidente tienen que decidir. La respuesta es urjente.

---

[114] Se refiere a la carta del 6 de agosto de 1943, incluida al comienzo del cap. IX de *Juan Ramón Jiménez en su obra*. Se reproduce en Ricardo Gullón (selecc. y nota prel.). Juan Ramón Jiménez. *Pájinas escojidas. Prosa.* Madrid: Gredos, 1970, pp. 254-258.

Abrazos muy cariñosos de Zenobia y míos para todos ustedes, y usted ya sabe la alegría que sería para mí poder verle a diario con los suyos en Washington.

Juan Ramón

[a mano:] (la máquina es por la censura)

[80]

Milán 13, ap. 4. México, D.F.
4-agosto-1943
[Carta de Teresa a Juan Ramón y Zenobia: incompleta, con una nota de ED-C]

Queridísima Zenobia y Juan Ramón. ¡La de veces que os nombraremos, la de muchachos jóvenes, que admiran a mis hijos, jóvenes ¡ay! también, y alguno poeta, porque han conocido, oído, visto y hablado con Juan Ramón. Tú no sabes Zenobia querida la estela que deja el nombre de Juan Ramón por todos sitios. Que muchos años disfrutéis juntos de esto. Enrique mi marido, el hijo siempre será Enriquito, ha dado un curso seguido en esta Universidad y varias conferencias, sobre Juan Ramón. Ahora tiene su curso de este año sobre Literatura española.[115] —Me alegra saber que estáis en casa de Gustavo Durán, que tendrán a su hijita ya crecida y linda, la señora de Durán es un encanto, qué suerte tuvo ese hombre y cuánto me alegra su dicha; mi hijo Enrique es un admirador suyo y, aunque sea distinta la cosa(?) qué suerte tuvisteis en instalaros en su casa porque todo el mundo habla de las inmensas dificultades que hay en Washington para instalarse. Hemos hablado con el doctor Martínez Báez,[116] que nos habló de vosotros, que estais bien y preguntando por cuanta gente hay aquí, y

[115] El curso, impartido de marzo a octubre de 1943 se titula "Poesía española contemporánea". (Exp. Enrique Díez-Canedo. UNAM, Archivo Histórico).
[116] Manuel Martínez Báez (Morelia, 1894-D.F., 1987).

él conoce. Es muy amigo de Enrique —Nosotros tuvimos mucha rabia el año pasado por no poderos ver. Pasamos por vuestro Estado, pero con la prisa de llegar a la frontera el mismo día que nos dijo un señor Zanahoria, no nos atrevimos a detenernos en ningún sitio, ni a aceptar invitaciones, ni conferencias, ni nada, y luego el mismo señor, nos tuvo ¡tres días mortales detenidos en Laredo [hasta aquí la fotocopia]

Querido Juan Ramón: Teresa no me deja meter baza. Es la misma escribiendo y hablando. Yo también soy el mismo, con la admiración y el cariño de siempre.

Muy suyo

E. Díez-Canedo

[81]

Milán 13, dep. 4
12-agosto-1943

Sr. don Juan Ramón Jiménez
"Dorchester House" 2480 Sixteenth St. N.W.

Mi querido Juan Ramón:
Recibo su carta, a la que me apresuro a contestar manifestándole que, por ahora, no me será posible aceptar ninguna invitación para pasar ahí con una ocupación permanente, porque, en primer lugar, tengo compromiso con El Colegio de México hasta fin de este año por lo menos y estoy trabajando como profesor de literatura en la Universidad (Fac. de Filosofía y Letras). Tengo, además, intervención en la revista llamada *Estadística*,[117] que se

---

[117] *Estadística*. Revista del Instituto Interamericano de Estadística. De periodicidad trimestral, se publicó en México de 1943 a 1946 y contenía artículos en inglés, francés, español y portugués. Su director era Juan de Dios Bojórquez, del Pen Club. Seguramente Díez-Canedo hacía traducciones para esta revista pero no aparecen los nombres de los traductores, ni se les da crédito.

publica aquí en 4 idiomas, y escribo sobre teatro en *Excélsior*.[118] No podría, pues, dejar de pronto todas estas cosas, y a mi gente, ya establecida aquí en diferentes ocupaciones diarias, con todo lo cual vamos viviendo, en espera de algo que parece relativamente cercano, sin que yo me haga muchas ilusiones: la vuelta a España. Le agradezco, pues, mucho, el haber pensado en mí para algo que me gustaría, aunque sólo fuese para dejar estas alturas que es lo único que no me sienta del todo bien.

Tengo preparados para la imprenta un libro sobre letras americanas y el estudio sobre JRJ, poeta esencial; si usted manda a cualquier periódico esa "carta abierta" y me permite reproducirla en el libro, se lo agradeceré de veras y lo completará muy bien. Por fortuna tengo aquí todos sus libros, desde aquellos primeros, a las tres conferencias en EEUU, que me ha prestado Francisco Giner.[119]

Todos los de esta casa le saludan, a usted como a Zenobia, con el mayor cariño, y yo vuelvo a darle las gracias y espero que no me olvide, sobre todo si se trata de algo temporal.

Muy suyo, como siempre, Enrique

[P.S. a mano]: Estoy semi-enfermo, los dos mil y pico metros de altura, y le escribo desde la cama.

---

[118] Desde junio de 1943 hasta junio de 1944 (su último artículo: "Velázquez en casa" apareció el 6 de junio de 1944), Díez-Canedo colaboró en *Excélsior* con la columna "Por los teatros". Salvo algunas excepciones, casi todos sus artículos son crónicas sobre el teatro que se representaba en México; en total, suman aproximadamente 30 artículos.

[119] Francisco Giner de los Ríos, poeta, casado en México en 1939 con María Luisa Díez-Canedo, era entonces colaborador en revistas mexicanas como *Tierra Nueva, Letras de México, Cuadernos Americanos, Revista de Filosofía y Letras*, entre otras, así como traductor para el Fondo de Cultura Económica.

[82]

[Carta escrita a lápiz en las preliminares del libro de Carlo Bo]

Querido Enrique: acabamos de estar con el Sr. Martínez Báez[120] y, claro, hemos hablado mucho de usted, ustedes. Me dijo que usted hubiera deseado darle un ejemplar de su libro sobre mí para nosotros.

Gracias, Enrique. ¡Ese libro es para mí tanto, y usted lo sabe tan bien! Nunca crítico alguno fue tan exacto, por encima de todos, como usted. Y su amistad, igual siempre.

Le envío este librito que acabo de recibir de España.[121] Yo no he pedido ni aceptado el prólogo (por la personalidad política de su autor)[122] y he dado orden de recoger la edición. Estos son los resultados del cambio de decoración en España. Pero yo no cambio *mi papel* [subrayado en el original] de hombre libre por ninguno.

¡Cuánto me gustaría verle, Enrique, cuánto! A usted entre los suyos, y nuestros amigos mutuos alrededor! Pero yo me sostengo con mi miocarditis gracias a la altura escasa de estas tierras. Últimamente (el 36) ya Madrid era alto para mí.

Losada va a reimprimir algunos libros míos, y este año creo que podré enviar a ustedes mi primer libro mayor: el primero de una serie de 5 [?] que reune todo (verso y prosa) lo que he podido reunir de mi escritura conocida e inédita, después del pillaje de 1939.

---

[120] Antonio Martínez Báez (Morelia, 1901-D.F., 2000). Destacado jurista y profesor universitario. Fue miembro de la Junta de Gobierno de la Universidad Nacional y de El Colegio de México; secretario de Economía e impulsor de los derechos humanos en México.

[121] Se trata del libro de Carlo Bo, *La poesía de Juan Ramón Jiménez*.

[122] El prólogo es de José María Alfaro Polanco (Burgos, 1905-Fuenterrabía, 1994). Periodista, escritor y político. Cultivó la crítica literaria en *El Sol* y dirigió las revistas *Fe* y *Falange Española* (1933-1934), *Vértice* y *Escorial* (1944-1946), y el diario *Arriba* (1936-1939). También fue colaborador de *El Imparcial* (1931-1932) y de *ABC* y *La Vanguardia*. Ocupó el cargo de subsecretario de Prensa y Propaganda y en 1943 fue nombrado vicepresidente de las Cortes. En 1942 ingresó en la Asociación de Prensa de Madrid y, dos años más tarde, fue elegido presidente (1944-1950). Ministro plenipotenciario de España en Bogotá en 1947. Embajador de España en Argentina de 1955 a 1971. (Página web de la Asociación de la Prensa de Madrid).

Enrique, abrazos a todos en su casa, y a los amigos con usted, Alfonso en particular. Y uno muy largo mío para usted, amigo excepcional, y tan querido!

Juan Ramón

W. mayo, 44

[letra de Zenobia] Con el gran cariño de Zenobia para Ud. y todos los suyos.

[83]

Mayo 30-1944
[Carta de Teresa a Zenobia y Juan Ramón]

[Falta texto: *La carta que*] Martínez Báez nos dio de vosotros, al mismo tiempo que un libro sobre Juan Ramón, con una dedicatoria de lo mejor del mundo, nos llenaron de alegría. Ya os diría él, lo fastidiados que estamos. Aun no acaba Enrique de afirmarse, y, a pesar de haber estado dos meses en Cuernavaca no le bajó su tensión. Yo lo encuentro mejor estos días, y tengo la esperanza, de que por fin, se aclimate a esta altura, y con vida de reposo, tranquila, pueda trabajar en lo suyo y estar bien. Porque, ni tenemos ya 25 años, ni esta altura ¡ay! es la de nuestro Madrid.
     Creo que tengo que darte las gracias, porque en algo que puede favorecernos, bien veo tu interés Zenobia y no sabes lo que tanto para Francisco, como para Joaquín y Enrique, significa eso. Es a propósito de unos encargos para traducir de "Editor Press" 345 Madison Avenue, N. York. Si así es en nombre de Enrique y Joaquín, te lo agradezco, os lo agradezco. Figúrate si los hijos con esto de su padre lo harán bien, y les vendrá, nos vendrá bien. Además de que lo harán bien. Enrique padre ha hecho ahora una recopilación, un libro sobre letras americanas. El de Juan Ramón, sale un día de estos.
     [¿Habéis visto la] traducción de Joaquín sobre "La caída de

Sebastopol"?[123] He de escribiros más despacio, ahora sólo quería que supieseis que estamos de nuevo en México City, y que tengo grandes esperanzas de que Enrique se mejore. Hijos, nietos y padres os saludan y os abrazan con fervor. Te quiere, Teresa

Querido Juan Ramón: Estoy cansadísimo de cama y de enfermedad. ¡Soy ya un enfermo! Pero así llevo casi todo lo que va de año. Pronto espero enviarle el libro. Vayan por delante mis saludos más cariñosos para los dos. E.D.C.

[84]

Washington. 10 de junio [1944]
[carta de Zenobia y Juan Ramón a Teresa]:

[J.R.J.]: Teresa: querría estar con vosotros en estos días terribles y compartir de cerca, con mi cariño, esta pena tremenda que hoy nos agobia. ¡Tan contentos que estábamos con vuestra última carta. Las líneas de Enrique eran firmes y claras y yo pensé que su pulso era bueno.

Cuando yo escribí a Enrique para que se viniera a la Biblioteca del Congreso aquí, lo hice creyendo que este nivel del mar, de Washington, le sería benigno a Enrique. Y tuve la ilusión de formar aquí un grupo español (que no hay) con hispanoamericanos también. El puesto sigue vacante, porque me dicen que Millares[124] no puede venir. Es una lástima, porque el bibliotecario de la "B. del C." puede hacer mucho por España. Quieren ahora jóvenes. ¿Quién puede ser recomendado que quiera venir? ¡Nadie como el pobre Enrique!

Aunque yo soy poco cartero, siempre pienso en vosotros. Y Zenobia lo mismo. El ser fiel a los buenos es la satisfacción mayor de la vida.

Abrazos grandes a todos, Juan Ramón.

[123] Boris Voyetejov. *El sitio de Sebastopol*. Versión española de Joaquín Díez-Canedo. México: Nuevo Mundo, 1943.
[124] Agustín Millares Carlo (1893-1978).

[85]

[Carta manuscrita. Papel membretado del Fondo de Cultura Económica]
19 de julio de 1944

Querido Juan Ramón: le envío ahora, en paquete aparte, 5 ejemplares del *J.R.J. en su obra*; supongo que ya habrá recibido el que le mandé por avión hace una semana. Las erratas, casi todas de última hora (turnos de noche), y en su mayoría de comas y blancos. No por falta de ojos, pues además de los nombres del colofón, aún tuvo tiempo mi padre de leerlo todo y de verlo casi todo en pliegos.

Ya sabe Ud., Juan Ramón, cuánto les queremos todos, a Ud. y a Zenobia, y lo que su cariño es ahora para nosotros. Mamá, que aguantó como ninguno los primeros días, acabó por caer en la cama. Ya se está levantando, y todos los días me pregunta si ya le he escrito. Quería yo haberlo hecho hace tanto tiempo, desde que vine, que cada vez me daba más vergüenza, y así me fui quedando sin hacerlo. Perdóneme.

Cuando tenga más ánimos quiero escribirle más, y contarle lo que hago (lo que no, mejor dicho), y todos mis proyectos, un poco en el aire mientras no se resuelvan las cosas grandes. Por ahora voy a meterme a editor de las cosas salvadas (?) de mi padre, y pronto le enviaré unos "Epigramas americanos" completos.[125] Pero antes voy a escribirle.

Gracias de todos.

Joaquín.

Si quiere Ud. más ejemplares dígamelo y veré de sacárselos a Márquez, el dictador de la distribución.[126]

---

[125] Se refiere a Enrique Díez-Canedo. *Epigramas americanos.* Viñetas de Ricardo Martínez de Hoyos. México: Joaquín Mortiz editor, 1945.

[126] Javier Márquez (Madrid, 1910-México, 1987), economista, era entonces subdirector del Fondo de Cultura Económica.

Índice onomástico de la correspondencia J. R. J. / E. D.-C.

Los números remiten al número de la carta; cuando un número va seguido de la letra "n", quiere decir que la mención está en una nota al pie de la misma carta. Los nombres de calles van en cursivas.

ÍNDICE DE CARTAS

De Juan Ramón Jiménez

De Enrique Díez-Canedo

APÉNDICES

1. JUAN RAMÓN JIMÉNEZ,
En la última pared de Enrique Díez-Canedo

2. RESEÑAS CRÍTICAS

Xavier Villaurrutia (septiembre de 1944)

Ermilo Abreu Gómez (octubre de 1944)

José Antonio Portuondo (octubre de 1944)

Eugenio Florit (octubre de 1944)

Ferrán de Pol (octubre-diciembre de 1945)

Muna Lee (octubre de 1945)

Byron Chew (invierno de 1947)

Esteban Salazar Chapela (julio de 1955)

I. Juan Ramón Jiménez,
En la última pared de Enrique Díez-Canedo[1]

HOMBRES TAN SUCESIVAMENTE CLAROS, de tal noble trasparencia, de
tanta lealtad a su cristalino ser, es bien difícil encontrarlos en nuestra vida.
Por eso el apagamiento de este hombre ha sido para mí el apagarse de una
luz serena, que uno creía, por derecho, inestinguible. Luz de igual alerta,
año tras año; en la calma y en el viento.

Este mediodía tormentoso de Washington, tan parecido así a Madrid
(el Washington donde yo pensé a Enrique con los suyos y los otros y nosotros en buena tarea española), me trae con sus nubes fijas algunas inolvidables presencias de Enrique Díez-Canedo. Aquella tarde del confuso
Ateneo de Madrid, en que oímos juntos leer a Rubén Darío la "Salutación
del optimista" (que yo le había visto escribir, verso a verso, en papel de
barba, en su entresuelo de la calle de las Veneras). ¡Y lo que aplaudimos los
dos aquella hermosura de verso! La mañana en que recibí en Moguer,
como un rayo amarillo, *La visita del sol*, escritura tan trasparente, noble,
clara, leal, alerta como su poeta. Una noche de junio, yendo yo con él a su
casa de la calle de la Lealtad, cuando una invasión de olor de acacias nuevas
nos detuvo junto al Obelisco estrellado en grande. El día triste en que
fuimos a ver a Fernando Fortún, el casi niño, ya tan decaído, con su estra-
ña barbilla rojiza contra el ocaso del Pardo. Y el librito de Fortún, que
Enrique y yo hicimos luego, él tan dispuesto y yo tan despacioso. La tras-
noche en que trabajamos juntos en la imprenta de Maroto, para que el
número primero de *Índice* saliera exacto; la ecuanimidad de él y mi altera-
ción. Los crepúsculos inolvidables, invierno y entretiempo, en la casa de
Alfonso Reyes en Madrid. El casamiento de María Teresa en los Jerónimos,
con tantos amigos buenos, hoy muertos, perdidos o distantes. Y nuestra
coincidencia en Nueva York, un día tan pleno, última vez que nos vimos.

---

[1] Publicado originalmente en la revista *Litoral* (México, agosto de 1944), en un
número especial dedicado a la memoria de Enrique Díez-Canedo, pp. 22-23 y recogido
en Juan Ramón Jiménez, *Estética y ética estética (crítica y complemento)*. Selección, ordenación y prólogo de Francisco Garfias. Madrid: Aguilar, 1967, pp. 229-230.

Y siempre su sonrisa de seriedad o humor fino. Su sonrisa entre los amigos, su sonrisa con su familia también risueña, clara también, también trasparente, alerta, noble, leal. Todo aquel color rubio, azul, fresco, reunido en vida abierta. La familia buena de Enrique bueno.

Aquí, a mi lado, tengo los poemas superiores de *El desterrado*. Aquí, en mi mano, la carta de Teresa con las tres líneas de Enrique, eludidoras de su realidad de Cuernavaca; la carta del siempre justo Alfonso Reyes, dándonos la necesaria noticia;[2] y la de Francisco,[3] tan removedoras de entraña las dos, cada una con lo suyo. Aquí todo, ¡qué cerca, no qué lejos! Qué cerca todo, tan cálido y tan limpio; qué atmósfera tan prendedora del engañoso olvido.

En Moguer, 1908, al frente de mis *Elejías puras* y de su vida en Madrid, escribí esta segunda dedicatoria: "A Enrique Díez-Canedo, poeta sin mancha." Hoy, treinta y seis años después, yo en Washington, al frente de su muerte en Méjico, puedo escribir con orgullo y amor un epitafio: "Enrique Díez-Canedo, poeta y amigo sin mancha."

---

[2] Carta de Alfonso Reyes a Zenobia y Juan Ramón Jiménez del 7 de junio de 1944. El original se encuentra en la Capilla Alfonsina, México.

[3] Carta de Francisco Giner de los Ríos a Juan Ramón Jiménez del 12 de junio de 1944. El original se encuentra en la Sala Zenobia y Juan Ramón Jiménez de la Universidad de Puerto Rico.

2. Reseñas críticas

Xavier Villaurrutia, en *El Hijo Pródigo*, año II, vol. V, núm. 18, 15 de septiembre de 1944, p. 185 (Libros).

AHORA QUE EL AGUDO CRÍTICO ESPAÑOL HA MUERTO, recuerdo las noches en que en la Facultad de Filosofía y Letras dictaba a los alumnos de los Cursos de Invierno, en su mayoría adultos, profesores y escritores, las conferencias que al mismo tiempo que formaban un breve curso iban a constituir un libro acerca de Juan Ramón Jiménez, un libro que ha resultado póstumo. Antes de las conferencias, Enrique Díez-Canedo y yo iniciábamos una conversación que tenía algo de ese momento en que los cantantes ejercitan su voz poco antes de salir a escena. El reloj nos recordaba, inflexible, la hora de entrar al salón en que Díez-Canedo hablaba acerca de Juan Ramón Jiménez, en tanto que yo me dirigía al aula vecina, donde dictaba un breve curso sobre el Modernismo.

No puedo leer estas páginas sin oír la voz delgada de Díez-Canedo y sin dejar de pensar que las nueve partes en que aparecen ahora agrupadas, conservan todavía no sólo el tono sino el método oral que les dio vida.

Diré, desde luego, que se trata de un retrato crítico de un escritor más que de la crítica de la obra de un escritor. Por ello el libro no se intitula "La obra de Juan Ramón Jiménez" sino *Juan Ramón Jiménez en su obra*. Claro está que estas fronteras entre el poeta y su creación no se establecen de manera inflexible, y que el crítico habla tanto de ésta como de aquél, pero a nadie se le escapa que la agudeza crítica de Enrique Díez-Canedo no ha perdido de vista el insistente desvelo con que Juan Ramón Jiménez ha querido, siempre, vigilar su propia obra y aun mantenerla, a través del tiempo, a base de correcciones y ordenaciones sucesivas, despierta siempre.

No representa una labor muy ardua la crítica de la obra de Juan Ramón Jiménez para un crítico tan bien armado como lo estaba Díez-Canedo, ni para otros menos bien armados que hayan visto claro en el hecho de que el autor de *Piedra y cielo* se ha encargado de esclarecer su poesía en sí misma y de situarla cuidadosamente en relación a movimientos poéticos y obras anteriores, coetáneas y aun ulteriores.

No es posible decir otro tanto del trato y menos aún del retrato de un poeta que ha dado pruebas de estar hecho de materias tan imponderables, volátiles y no pocas veces, tan inflamables que alguien menos preparado para abordar ese trato y para ejecutar ese retrato, corre un riesgo semejante al que correría un neófito empeñado en mezclar substancias químicas que desconoce.

En estas páginas Díez-Canedo usa "la austera justeza, sin estremo innecesario" que el propio Juan Ramón Jiménez le reconoce en una de sus peculiares cartas. Y la usa al punto que los amantes incondicionales de la poesía del autor de *Platero y yo*, pensarán que abusa de ella. El libro no es una apología sino un método personal para abordar una actitud poética y para enfocar la situación de un poeta, sus límites, sus fronteras, sus fuentes y la influencia que ha sabido ejercer en artistas de promociones posteriores a la del propio Juan Ramón Jiménez.

Las páginas dedicadas a las fuentes de la poesía de Juan Ramón Jiménez y a las influencias que recibió en su juventud son certeras y curiosas. Canedo insiste en la de Moréas, toca la de Samain y se detiene poco tiempo en la de Francis Jammes que es, acaso, menos difícil de precisar de lo que piensa el crítico español. No menos curiosas son las páginas dedicadas a las resonancias, ecos y aun repeticiones concretas que algunos versos de Jiménez han provocado en poetas como Salinas y, sobre todo, en Jorge Guillén. Pero aun en estas observaciones el poeta se ha adelantado al crítico, señalándolas con ese cuidado que corresponde al que pone en la clasificación, ordenación y corrección de su obra y que, a veces, se convierte en una nueva forma del descuido. Porque a nadie que haya seguido con atención la actitud de Jiménez para con su propia obra, se le escapará que no pocas veces y más allá de su propio aforismo, llega a tocar el poema en sus correcciones sucesivas aun más allá de la rosa.

Algunas observaciones de Canedo son útiles también, para dibujar la porción anecdótica de un poeta tan singular que, por ejemplo, ha puesto en no figurar en antologías poéticas el mismo interés, el mismo celo que otros poetas ponen en figurar en ellas.

Ermilo Abreu Gómez, "Juan Ramón Jiménez", en *Letras de México*, año VIII, vol. IV núm. 22, 1 de octubre de 1944, p. 3.

DEBERÍA DECIRSE, PARA DECIR TODA LA VERDAD, que ésta es una de las obras más coherentes (no obstante sus pocas páginas), que dejó Díez-Canedo.

Empieza el libro haciendo una justa revisión de los valores estéticos del modernismo, en relación con la escuela anterior (que llamaríamos académica de fines del siglo XIX) y con la escuela que fundó la generación de 1898. Acaso en este punto no haya superado Díez-Canedo lo que ya dijo Pedro Salinas en *Literatura española* (México, 1941?).

Justa evocación hace Díez-Canedo de Francisco Villaespesa, poeta a quien ya hay que revalorar, desechando hojarascas impertinentes para apretar mejor en un haz las bellísimas rosas de sus versos. (Creo que preparaba una edición con este sentido José Bergamín.)

También revalora (y no con palabras ambiguas sino precisas) la aportación de Enrique Gómez Carrillo a la renovación de las corrientes literarias extranjeras en suelo español y americano. Quedan, con las palabras de Díez-Canedo, avaladas las ya dichas por Leopoldo Alas en *Almas* y *cerebros* del autor guatemalteco. A Gómez Carrillo le debe el modernismo una inmensa aportación de informaciones y un ejemplo de estilística.

Gradúa Díez-Canedo la evolución de la obra de Juan Ramón Jiménez atendiendo sus comienzos (apenas si dentro del modernismo); la primera plenitud (que, yo llamaría, con más propiedad, la primera definición estética); el poeta esencial; y el instante (de verdadera plenitud) en que el poeta invade el terreno de la prosa.

No se olvida Díez-Canedo de recoger y de ordenar los juicios que de sí mismo ha hecho Juan Ramón Jiménez. Esta aportación tiene un significado que debe estimarse en lo que vale porque ha de ser imprescindible para todo estudio posterior sobre la obra de Juan Ramón Jiménez. Las resonancias de Juan Ramón Jiménez fueron de doble efecto: las que llegaban a él y las que salieron de su recinto (un recinto casi convertido en fortaleza contra el ruido). Será tarea larga, pero no difícil, comprender hasta dónde las influencias de Juan Ramón llegaron y maduraron en la poesía de Hispanoamérica.

En fin, este trabajo póstumo de Díez-Canedo no creo que en mucho tiempo pueda ser superado, por la precisión con que trata el tema, por la aportación de noticias que ofrece y por la riqueza bibliográfica que, en sus últimas páginas, nos facilita.

José Antonio Portuondo, en *La Gaceta del Caribe*. La Habana, año I, núm. 8, octubre de 1944, p. 28.*

CUANDO HUBO REVISADO LAS ÚLTIMAS PRUEBAS de este libro sobre Juan Ramón Jiménez murió Enrique Díez-Canedo, que no pudo ver impreso otro suyo sobre letras hispanoamericanas que ha de ser publicado en breve. En aquél, al que ahora nos referimos, recogió Díez-Canedo una serie de conferencias pronunciadas por él en la Facultad de Filosofía y Letras de la Universidad Autónoma de México, en enero y febrero de 1943, en torno a la obra de Juan Ramón Jiménez. Constituyen dichas conferencias un certero estudio realizado con la "austera agudeza sin extremo innecesario" que ya presentía en ellas el poeta estudiado. Díez-Canedo, con su justo y constante reconocimiento del aporte hispano-americano a las letras de lengua española, comienza su libro con un capítulo dedicado a examinar "el modernismo en España" y la influencia ejercida por Rubén Darío en los comienzos poéticos de J. R. J. Como señala D.-C., "Villaespesa y los Machado, Pérez de Ayala y Juan Ramón Jiménez, encarnan en aquellos comienzos de siglo lo que se daba en llamar 'modernismo', acompañados por una cohorte de poetas menores, muchos hoy del todo olvidados, y no siempre con justicia". Sin embargo, advierte más adelante, "todos los poetas llamados 'modernistas' sobreviven al modernismo, que es sólo un tránsito: para los mejores, el comienzo de una liberación que los lleva enseguida por los caminos propios".

Tal es el caso de Juan Ramón Jiménez, cuya trayectoria poética va siguiendo paso a paso Díez-Canedo, desde su inicial "modernismo entretejido en notas lúgubres y sensuales, que predomina en *Ninfeas* (1900), algo

---

* Agradezco a la Dra. Zaida Capote, de la Universidad de La Habana, el envío de esta nota, y a Federico Álvarez, por ponernos en contacto.

atenuado por la sencillez y el intimismo de otro libro publicado ese mismo año, *Almas de violeta*, "hasta su exaltación del único rasgo, su destaque de la palabra precisa, su fidelidad al pensamiento escueto, que caracterizan su madurez". Todo este proceso de depuración poética está agudamente analizado en la copiosa obra del poeta y expuesto con la elegante sencillez y amenidad en la que es flor, a veces, la ironía, que es gala de los escritos de Díez-Canedo. La referencia erudita y el árido detalle técnico están con tal arte engarzados en la exposición galana y sin quiebras que no llegan jamás a pesar en el ánimo del lector. Así, llevados sin estorbos, se pasa revista a la producción en que Juan Ramón "vuelve verso a la prosa, es decir, la hace expresar lo que antes solía estar encomendado al verso", a su labor crítica, a las resonancias de ajenos poetas en su obra y la de él en otros escritores, etc. Al hablar de las "resonancias" en poetas posteriores no olvida Díez-Canedo destacar las presentes en *La poesía cubana* en 1936, en la que tuvo parte el propio poeta y en la cual, advierte el crítico, "ritmos libres, poemas en prosa, revelan el trato íntimo con los libros de la última etapa juanramoniana, curiosamente enlazados, a veces, con vislumbres de superrealismo".

Cierran el libro dos capítulos consagrados a los proyectos y a la obra más reciente de Juan Ramón Jiménez y a una bibliografía del mismo. "La poesía de Juan Ramón Jiménez en éstas sus manifestaciones más recientes —señala D.-C.— parece muy alejada de aquellos jardines de antaño, libre en la amplitud inmensa del mundo, más a tono con los nuevos horizontes de la vida, con todo el ancho del camino que lleva de Moguer a Washington". "A la vez, su crítica de los demás toma nuevas perspectivas", añade D.-C., comentando su actitud con respecto a la poesía de Pablo Neruda. "Lo que reprende, pues, Juan Ramón —concluye—, es la permanencia en algo que considera caótico, la falta de esfuerzo para desprenderse de esa masa informe, para ser *ordenador foráneo del caos paternal y maternal*. Ordenador, es decir, creador constante, como Dios en los días que siguieron al *fiat*, sin descansar en una perfección como la tan decantada en ciertos poetas antiguos y modernos. Juan Ramón Jiménez se nos da aquí en la medida de su constante aspiración a superarse, clave de su gran personalidad poética".

Es imposible el entendimiento entre dos personalidades poéticas tan disímiles como la de Juan Ramón Jiménez y la de Pablo Neruda. Uno, el afán constante de ordenación y de pureza expresivas; otro, el caos formal como necesidad expresiva. El poeta español busca el orden formal como superación, y como evasión también, de una circunstancia social desordenada y confusa; el iberoamericano crea en aparente desorden formal su obra poética como denuncia de su caótica circunstancia social. No hay conciliación entre tales extremos. Sí hay, en cambio, posibilidad de penetrar en las porciones aparentemente más herméticas de sus respectivos universos poéticos con el auxilio de guías tan seguras y luminosas como el libro de Amado Alonso sobre Neruda y éste claro y amable sobre Juan Ramón que nos dejara antes de morir Enrique Díez-Canedo.

[Eugenio Florit], en *Revista Hispánica Moderna,* Nueva York/Buenos Aires: Columbia University, tomo X, julio y octubre de 1944, núm. 3-4, p. 264.

Como lo advierte su colofón, este libro se terminó de imprimir (6 de junio de 1944) el mismo día en que falleció en México su autor, don Enrique Díez-Canedo. Reseñado aquí es, en mi voluntad, hacer un doble homenaje —debido siempre y nunca satisfactoriamente cumplido— a los dos hombres: el muerto de hace pocos meses, escritor que deja una obra clara y serena como su vida, y el vivo eterno, el poeta de la poesía española a quien los afortunados de hoy podemos —y queremos, aunque él se enfade— llamar maestro.

De Díez-Canedo es conocida la justeza en la apreciación crítica, el buen gusto literario, la generosa orientación. Durante muchos años sus libros, artículos y notas fueron señalando caminos universales a la poesía española e hispanoamericana. Nadie como él se extendió desde su España hasta tocar el corazón de América —nadie como él vió, juzgó, sintió, criticó a los poetas, a los literatos de aquí— y todo ello con su habitual serenidad, sin fácil adulación o agria inconformidad. Los ojos miopes de Díez-Canedo eran de una agudeza extraordinaria para distinguir y situar valores literarios. La muerte ahora lo aparta de nosotros cuando, lejos de España, había encontrado en la generosa tierra de México un rincón donde seguir escribiendo en su perenne serenidad finísima.

¿Qué mucho, pues, que Díez-Canedo, haya formado este libro sobre la poesía de Juan Ramón Jiménez con toda su comprensión, y su conocimiento, y su justeza? Seguimos en la obra de Díez-Canedo el camino del "Andaluz universal" desde su paso primero y la publicación de su primer libro en 1900 hasta 1944, año en que el poeta, en Wáshington —también lejos de España por "la guerra fatal"— continúa creando, recreando, trabajando, puliendo su verso y dándolo, como siempre, a las revistas jóvenes y reuniendo su obra, como una abeja de poesía en permanencia y labor, en constante novedad y exacta devoción al amor de su vida.

En vuelta al libro que comento, con sus capítulos cabales sobre el modernismo en España y varios de los aspectos de la obra de Juan Ramón Jiménez, y completado con una bibliografía de primeras ediciones del poeta e índice de nombres y obras citadas —en vuelta a este libro, digo, veo, al leerlo, más insistencia en los detalles de fechas, ediciones—, aunque todo él esté avalorado con citas de la producción en prosa y en poesía de Juan Ramón Jiménez y cubierto, además, con el aporte de la certera apreciación crítica de su autor —que en el estudio más intenso y cuidadoso de su lenguaje, sus modos expresivos, su espíritu y su esencia, todo lo cual podíamos y teníamos derecho a esperar de una obra de esta naturaleza. Pienso que tal vez el hecho de estar formado, en su origen, por la materia de un curso de conferencias que dio Díez-Canedo en la Universidad Nacional de México le resta la hondura, el largo trabajo de preparación que hubiera debido ponerse en un estudio serio —como es éste— de Juan Ramón Jiménez. Mas, sea como sea, el último regalo que nos ha dejado a amigos y admiradores el llorado Díez-Canedo es cosa para tener y querer —del mismo modo que se quiere y se tiene un poema de Juan Ramón Jiménez.

Ferrán de Pol, en *Revista Filosofía y Letras* (Revista de la Facultad de Filosofía y Letras de la Universidad Nacional de México), tomo X, octubre-diciembre de 1945, pp. 287-288.

DOS CUALIDADES NECESARIAS EN IGUAL GRADO, para la tarea que se impusiera, concurrían en el llorado don Enrique Díez-Canedo para presentarnos un estudio sobre la obra de Juan Ramón Jiménez: sensibilidad poética y agudeza crítica. Y no sé hasta qué punto puedan separarse en la obra crítica dedicada a un poeta.

El librito —hablo de sus escasas ciento cincuenta páginas— *Juan Ramón Jiménez en su obra* está formado con materiales allegados en un cursillo de conferencias pronunciadas por don Enrique en la Facultad de Filosofía y Letras de la Universidad Nacional Autónoma de México (enero-febrero de 1943). El libro aparece ahora con nuevas aportaciones y con retoques importantes.

Los capítulos del volumen tienen a su cargo el desarrollo de los siguientes aspectos: I. *El Modernismo en España*, donde se habla de la importancia de Rubén Darío en el movimiento de renovación de las letras castellanas, en el filo del último desastre colonial español. II. *Juan Ramón Jiménez en sus comienzos* está dedicado al estudio del breve —y tenue— modernismo de J.R.J. III. *Primera plenitud* nos brinda unas notas autobiográficas del mismo poeta y estudia la esencia de la expresión poética de aquel momento suyo; "primavera y sentimiento", más el sentido del color (color color, no localismo) constituyen esta esencia, según Díez-Canedo, en la "comunión del poeta con el alma del mundo". IV. *J.R.J., poeta esencial*, muestra al Juan Ramón Jiménez que culmina en *Sonetos espirituales* y en el *Diario de un poeta recién casado*, en *Eternidades* y en *Piedra y cielo*, y en las *Antolojías*. V. *La prosa se hace poesía*, donde Díez-Canedo examina con verdadera hondura la gracia y la humana profundidad de *Platero y yo*. "Es muy posible —escribe, o mejor dice, don Enrique Díez-Canedo—, es muy posible que, en lo futuro, sea el más fiel representante de la poesía de Juan Ramón Jiménez, a la que, después de todo, bien puede servir de introducción." Viene luego su *Españoles de tres mundos* (Buenos Aires, 1942). Muy a menudo, nos dice Díez-Canedo, el poeta se retrata a sí mismo, pues "en alguna ocasión la mano parece ir más allá del rasgo facial, moral, intelectual del retratado; la visión está lindando con la crítica, es decir, con la devoción cálida o el respeto frío, con la confianza chusca, o la censura severa". VI. *J.R.J. crítico de sí mismo y de los demás* es un capítulo de sumo interés, pues indica gustos, preferencias, modalidades en fin, del fino espíritu de Juan Ramón Jiménez. La divisa del poeta ha sido siempre justa: *alentar a los jóvenes, exijir, castigar a los maduros; tolerar a los viejos*. VII. *Resonancias*. Es un capítulo dedicado a estudiar las influencias que se han ejercido, a lo largo de la obra, sobre Juan Ramón Jiménez. VIII. *Proyectos.* Constituye una larga lista de obras proyectadas —realizadas algunas, muchas— y otras que quedaron en mero deseo. IX. *La obra de Juan Ramón Jiménez* transcribe una serie de datos sobre proyectos y obras en curso del poeta estudiado. Será bueno consignar —para evitar la falsa idea de algunos "enamorados" de la perfección absoluta de Juan Ramón Jiménez—, desengañarles con las propias, valientes y humildes palabras del mismo poeta: "Si yo me considerara perfecto, es decir, estéril por acabamiento perfecto, para mí o para otros, cortaría mi vida de su libertad" y más allá una bella definición del orden en poesía: "Ordenar no es terminar, es empezar." En este empezar siempre, constante, radica toda la tragedia de la creación cotidiana —¿no perduran todavía los "siete días" de la creación?— que sólo puede parar, en choque, la misma muerte.

Díez-Canedo escribió un libro indispensable para conocer a fondo la obra de uno de los poetas más notables en lengua castellana. La obra, la lección por mejor decir, de Juan Ramón Jiménez es tan fecunda en la literatura castellana que no hay poeta actual de esta literatura que no le deba algo, y quizá no sean los más dispuestos a reconocer tales deudas los menos deudores.

Muna Lee, en *The Americas*. A Quarterly Review of Inter American Cultural History, Washington, D.C.: The Academy of American Franciscan History, vol. II, octubre de 1945, núm. 2, pp. 251-252 (Book Reviews).

THERE ARE TWO MEN, and two men only, among the poets of our time who are frequently referred to in print and in daily speech by their first names alone, without need of further identification. In any Spanish-speaking country "Rubén" for more than fifty years has meant Rubén Darío. And in any Spanish-speaking country, whenever one says "Juan Ramón" in a literary connection, there is never a doubt that the reference is to Juan Ramón Jiménez. This usage implies no lack of respect and it indicates no excess of familiarity. It is perhaps because he has been recognized for some three decades as a poet whose enduring place in the great line of Spanish poets is secure that it seems as natural to say "Juan Ramón" as to say "Virgil". This simple but significant detail is the more striking since the poet himself does not sign his work in that fashion but either with his name in full or the three initials or, as often occurs, takes refuge in an anonymity that might be complete were his distinctive style not recognizable.

The volume under review evolved from a lecture-course given by the late Enrique Díez-Canedo at the University of Mexico in 1943. Expanded in scope, augmented by careful bibliographical data, prefaced by a chapter on Modernism in Spain, and enriched by a letter in which the poet himself explains his present orientation and his program of work, the book facilitates both the chronological and the critical approach to the numerous publications by Juan Ramón Jiménez, many now out of print, that have been issued over a long period in Madrid and Mexico, Miami and Habana and Buenos Aires. The present volume is also the last book by Díez-Canedo, to whom death came while he was correcting the page-proofs.

Its greatest interest and usefulness is as a work of anthology and bibliography rather than of analytical criticism. As anthology, it garners from letters, lectures, essays, wherever else they occur, many of Juan Ramón Jiménez's comments on his own work and on poetry in general —an illuminating and useful service which, however, sends the reader where he should go: to the full text of the original commentary. As bibliography, it affords the most nearly complete information available on publication by J.R.J., listing forty first editions, from *Almas de violeta*, published in Madrid in 1900 to *Españoles de tres mundos*, Buenos Aires, 1942. It is the record of the immensely varied production of a writer whose influence is discernible in one way or another in practically every notable work of Spanish poetry since 1915; a record including poems that, once uttered, become timeless, seeming always to have existed, and including, too, unflagging experimentation in prosodic technique; the prose of *Platero y yo* and the prose of the critical essays; and the translations in which the generosity of genius puts its full power at the service of another poet.

Juan Ramón Jiménez's activities during the past forty-five years (he published his first book when he was nineteen) seem, if anything, to be intensified at the present time. On August 6, 1943, he wrote to Díez-

Canedo of unpublished manuscripts being prepared for publication, of arrangements for an edition of his complete works in nine volumes, of an autobiographical work approaching termination after many years of labor, of forthcoming lectures and comparative studies on the literature of Spain, Hispanic America, and the United States; of an anthology of Spanish poetry; of poetry of his own representing a new approach to his art—what for another man would be a lifetime's full task is here mapped out.

Díez-Canedo, searching for Juan Ramón Jiménez in his work, finds what every reader of Juan Ramón Jiménez inevitably finds for himself: the absolute integrity of an artist to whom his every poem is a living thing, never static, and never absolutely definitive, since always capable of refinement bringing it nearer to unattainable perfection. The visible record of this attitude toward his art is implicit in the successive editions of much work that changes under the poet's hand from year to year, and it is explicit in much that he says with the quality of folk-song or proverb:

"My best work is my constant repentance for my Work", and

"Sing, my voice, sing!
 For while there is something
 That you have not said,
 You have said nothing."

and it is in the composition upon which he is now engaged, and of which only fragments have as yet been published, "a poem of space, in a single interminable strophe of major free verse."

Byron Chew, en *Books Abroad*, Oklahoma: University of Oklahoma Press, invierno de 1947.

A DISCUSSION OF JUAN RAMÓN JIMÉNEZ necessitates a review of the Modernist movement, and the author begins his book with the arrival of Darío in Spain for his first visit. In the opening essay of these nine which were delivered as lectures at the University of Mexico in 1943, he points out how Darío influenced the Spanish writers, especially Juan Ramón. In 1902 the latter broke with Villaespesa and identified himself with the Modernists. Step by step we are shown the development of the poet, and the reader is given rather intimate details of Jiménez's relations with the other poets throughout Spain and Latin America. The book contains an adequate bibliography, and it is enriched by a letter from Jiménez to Díez-Canedo in which he discusses his works in preparation.

Esteban Salazar Chapela, en *Revista Mexicana de Cultura*, Suplemento de *El Nacional*, núm. 433, 17 de julio de 1955, pp. 1-2.

ESTE ES UN ARTÍCULO TARDÍO. Tardío ¿por qué? Nunca nos parecerá tarde si el tributo es justo. Se acabó de imprimir *Juan Ramón Jiménez en su obra*, como reza su colofón, el 6 de junio de 1944, fecha en que fallecía su autor en México. Don Enrique Díez-Canedo era un escritor a quien muy bien podíamos llamar *educador*, no precisamente porque escribiera sobre temas educativos sino porque la mayor parte de su obra fue de crítica —crítica teatral y crítica de libros— y también porque esta obra apareció en la vía pública, es decir, en la Prensa. Díez-Canedo estuvo absorbido toda su vida por aquella tarea; es más: ese magisterio diario, cultivado en parte por gusto, en parte quizá por necesidad, fue sin duda el que le impidió insistir en el cultivo de la creación literaria, donde diera tan excelentes pruebas en los comienzos del modernismo. Su producción, pues, o la mayor parte de ella, se parece también hasta por esta circunstancia de haber aparecido en periódicos, a la del pedagogo: está extendida o desperdigada y fue aprendida en el momento de ser proferida por jóvenes y maduros que ahora no sabemos dónde están…

Al lado de su labor de crítica Díez-Canedo escribió libros de poemas y ensayos (*Epigramas americanos*, *Los dioses en el Prado*, etc.) donde siempre admirábamos su fina sensibilidad y la riqueza de su cultura. Ejemplo de esa labor al margen, pero de ningún modo secundaria, fue este libro póstumo, *Juan Ramón Jiménez en su obra*, a nuestro juicio el mejor de sus libros. Ninguna tarea más adecuada para el excelente escritor que esta de aquilatar los quilates, valga la redundancia, de la obra del gran poeta.

Para esta labor Díez-Canedo lo reunía todo: en primer lugar, su delicada sensibilidad y su penetración crítica, únicas linternas con que podemos iluminar la poesía, si ésta en verdad necesita de otra luz que la propia; en segundo lugar la simpatía que podríamos llamar *de época*, pues Díez-Canedo pertenecía más o menos a la generación de Juan Ramón y creemos que nunca miró del todo con gusto (aunque su nativa bondad, combinada con su extraordinaria prudencia le frenase) la poesía de después; en tercer lugar, su estilo. Díez-Canedo era escribiendo el más natural de los escritores de su generación. Su prosa es una prosa sin gestos, por tanto elegante, donde todo está dicho con felicidad suma. Estas numerosas razones explican la bondad de este libro. Para escribirlo no tuvo sin duda Díez-Canedo que valerse de muchas notas: sabía muy bien la obra de Juan Ramón, la había visto nacer, había asistido con deleite y admiración a su crecimiento excepcional y había observado por tanto todas las plenitudes o fases por las cuales el poeta andaluz, cada seis o siete años, en realidad cada libro, ha parecido avanzar por un camino distinto y recoger nuevas rosas.

Díez-Canedo parte en su obra del modernismo, la gran renovación poética iniciada por Rubén Darío, cuya influencia en la lírica española contemporánea sólo es comparable a la ejercida en el siglo XVI por Gracilaso de la Vega. Juan Ramón Jiménez aparece bajo el signo de ese momento con sus tres primeros libros (*Almas de violeta, Ninfeas, Rimas*), si bien en algunos de esos versos primeros (observa el crítico) "se apunta ya la propia, señera y decisiva personalidad del poeta, en su primera fase, que llega hasta 1915". Esta primera fase se llama en este libro *primera plenitud* y abarca a juicio de Díez-Canedo los libros *Arias tristes, Jardines lejanos, Pastorales, Las hojas verdes, Baladas de primavera*, los tres libros de *Elegías* (*Elegías puras, Elegías intermedias, Elegías lamentables*), *La soledad sonora, Poemas mágicos y dolientes, Melancolía* y *Laberinto*. Todas estas obras, unidas por una regularidad métrica, fijan empero respectivamente una sentimentalidad diferente, un estado de alma, o un color o una nota en la biografía espiritual del poeta. Así por ejemplo, "en los *Jardines lejanos* apunta una nota sensual, como en las *Arias tristes* una palpitación de angustia y en las *Pastorales* predomina un elemento descriptivo, con rudimentos de narración".

A esa primera plenitud sigue "J.R.J., poeta esencial" (capítulo IV), con *Estío* (1916), *Sonetos espirituales* y *Diario de un poeta recién casado* (ambos de 1917), *Eternidades* (1918) y *Piedra y cielo* (1919). Aunque Díez-Canedo señala los tres primeros de estos libros como "de transición", permítasenos echar nuestro cuarto a espadas y llamar la atención sobre el *Diario de un poeta recién casado*, que es en nuestra opinión el turning point de la poesía juanramoniana, la obra donde el poeta, quemadas las naves de la rima y del ritmo —que él construyera y empavesara tan maravillosamente—, avanza a cuerpo limpio hacia la poesía esencial. El capítulo V, "La prosa se hace poesía", trata de la prosa de Juan Ramón. Esta prosa, tan extraordinaria y tan artística como los versos del poeta, ya se iniciaba líricamente en los primeros libros (en *Arias tristes*, *Jardines lejanos*, *Pastorales*), aparecía perfectamente formada en los pasajes también líricos del *Diario de un poeta recién casado* y ha culminado hasta ahora en dos libros: *Platero y yo* y *Españoles de tres mundos*. La prueba final de un poeta, dice Juan Ramón Jiménez en alguna parte, es la prosa. Contra todas las apariencias la retórica de la prosa es más complicada que la del verso y por lo mismo más desnudadora de la cantidad de escritor que se lleva dentro. Rejonear a caballo, en verso, es bien lucido, pero tiene muchas defensas…; torear a pie, en prosa, con el estoque en la mano, a la altura del habla corriente, terrible toro, es tarea bien brava. Y en efecto, algunos líricos, cuando se apean del caballo, es decir del verso, hacen un ovillo con el estoque y la muleta y les notamos cierta extraña dificultad al andar…

Juan Ramón Jiménez camina perfectamente. No sería el gran poeta que es si en la prosa no fuera tan grande como en sus versos. Muestras son las dos obras mencionadas, con relación a la primera de las cuales (*Platero y yo*, 1914) es gran acierto de Díez-Canedo señalar que su héroe no es precisamente "el lindo borriquillo con quien el poeta dialoga". "El personaje principal (dice Díez-Canedo) es otro: es un héroe colectivo, es todo un pueblo, un pueblo blanco de Andalucía, el pueblo natal del poeta, Moguer, en la provincia de Huelva, en los lugares de donde partieron las carabelas para la gloria del Descubrimiento". A la prosa poética de *Platero y yo*, tan concentrada como los versos del poeta y de tanta transparencia como equilibrio, sigue la prosa de los *Españoles de tres mundos* (1942),

más barroca, que hace pensar en un Garcián que hubiera nacido en 1881…
"En estos breves cartones (dice Díez-Canedo) vemos reflejadas figuras
que, conocidas o no, adquieren para nosotros vida y presencia. En las que
conocemos, nos salta a la vista, ya un trazo ideal, compendio de muchas
impresiones momentáneas, ya una sola de éstas, clavada, como suele
decirse, que, en su misma momentaneidad, coincide con una impresión
nuestra o nos despista, por no haber acertado nosotros a verla nunca. Lo
que siempre vemos es la seguridad del trazo, la mano del retratista. Y
adivinamos, o intentamos adivinar, o creemos adivinar, su espíritu. En
alguna ocasión la mano parece ir más allá del rasgo facial, moral, intelectual del retratado; la versión está lindando con la crítica, es decir, con la
devoción cálida o el respeto frío, con la confianza chusca, o la censura
severa. ¿No es esta la condición de todo retrato?"

En el capítulo VI, "J.R.J., crítico de sí mismo y de los demás", Díez-
Canedo alude a las normas del poeta para consigo mismo y a sus críticas
de sus próximos. "Su conducta crítica (de Juan Ramón, dice don Enrique)
la ha formulado, y repetido muchas veces, de esta manera: "Alentar a los
jóvenes, exigir, castigar a los maduros: tolerar a los viejos". Aunque el
libro de Díez-Canedo se prolonga por los capítulos "Proyectos" (examen
de la bibliografía del poeta), "La obra de Juan Ramón Jiménez" (carta
del poeta fechada en Washington en agosto del 43) y "Bibliografía de J.
R.J.", el estudio propiamente dicho concluye en "Resonancias" (capítulo VII), donde se señalan antecedentes de la poesía de nuestro poeta y se
alude también a la influencia de esta poesía en la poesía posterior. Es
difícil andar por este y por el otro empedrado; es decir, es imposible ser
exacto. En este caso sólo cabe hacer lo que hace hasta cierto punto Díez-
Canedo: atenerse a la propia declaración del interesado (¿y quién más
sincero, quién más veraz que Juan Ramón Jiménez?), el único que sabe
de donde viene. Prescindiendo ahora de muchos nombres diremos que
hay dos que Juan Ramón desearía ver siempre encabezando toda antología de poesía contemporánea: Rubén Darío y Unamuno. "En Miguel
de Unamuno (dice Juan Ramón) empieza nuestra preocupación metafísica "consciente" y en Rubén Darío nuestra creciente preocupación
estilística". Y más adelante, completando el mismo razonamiento, agrega el poeta: … después de Miguel de Unamuno y Rubén Darío, y antes

que ningún otro, pues en él comienza, sin duda alguna, y de qué modo tan sin modo, aquella fusión, Antonio Machado, el fatal". Bien distante de estos tres diferentes y estupendos poetas, está la obra juanramoniana, árbol esplendoroso, de savia esencia, de tronco inmóvil, de bien pintadas obras y flores, dominando el paisaje de la poesía contemporánea. Realmente no hay sitio en nuestros días desde donde no se le vea a ese hermoso árbol la copa, o una rama, o una florecilla o una semilla abandonadas en el suelo tierno…

El libro de Díez-Canedo tiene la virtud de explicarnos tan maravilloso espectáculo de la naturaleza artística. Es un gran libro. Es el homenaje más inteligente y sensitivo que se ha rendido hasta ahora a la obra del gran poeta. (Londres, junio de 1955.)

BIBLIOGRAFÍA CONSULTADA

Aguilera Sastre, Juan, Manuel Aznar Soler y Enrique de Rivas. *Cipriano de Rivas Cherif. Retrato de una utopía*. Madrid: Cuadernos El Público, núm. 42, 1989.

Alegre Heitzmann, Alfonso (ed.). Juan Ramón Jiménez. *Epistolario I 1898-1916*. Madrid: Publicaciones de la Residencia de Estudiantes, 2006.

Bo, Carlo. *La poesía de Juan Ramón Jiménez*. Traducción de Isabel de Ambía. Prólogo de José María Alfaro. Madrid: Editorial Hispánica, 1943. (Col. Capricho y Crisol).

Camprubí, Zenobia. *Epistolario I. Cartas a Juan Guerrero Ruiz 1917-1956*. Edición de Graciela Palau de Nemes y Emilia Cortés Ibáñez. Madrid: Publicaciones de la Residencia de Estudiantes, 2006.

Díaz Arciniegas, Víctor. *Historia de la casa*. México: Fondo de Cultura Económica, 1994.

Díez-Canedo, Enrique. *Artículos de crítica teatral. El teatro español de 1914 a 1936*. I. Jacinto Benavente y el teatro desde los comienzos del siglo. México: Joaquín Mortiz, 1968.

——. *Conversaciones literarias*. Madrid: Editorial América, 1921.

——. *Del cercado ajeno. Versiones poéticas*. Madrid: Pérez de Villavicencio, 1907.

——. *Imágenes (versiones poéticas)*. París: Librería Paul Ollendorff [1909].

—— y Fernando Fortún (antolog.). *La poesía francesa moderna. Los precursores. Los parnasianos. Los maestros del simbolismo. Los poetas nuevos*. Antología ordenada y anotada por … Madrid: Renacimiento, 1913.

——. *La sombra del ensueño*. París: Garnier Hermanos Libreros Editores [1910].

——. *La visita del sol*. Madrid: Imprenta Gutenberg-Castro, 1907.

Estadística. Revista del Instituto Interamericano de Estadística. México, 1943-1946.

Fernández Gutiérrez, José María (introducción, bibliografía, notas y comentarios). *Enrique Díez-Canedo. La crítica literaria. Selección antológica de artículos*. Badajoz, 1993.

Fortún, Fernando. *La hora romántica. Poesías*. Prólogo de F. Villaespesa. Madrid: Imprenta Gutenberg, 1907, 108 pp.

——. *Reliquias*. Pról.. Luis Antonio de Villena. Madrid: Signos, 1992.

Franquelo, Rafael. "Salvador Rueda en Canarias". Málaga: Revista *Jábega*, núm. 10, 1975, pp. 75-80.

Gallego Roca, Manuel. *Poesía importada. Traducción poética y renovación literaria en España (1909-1936)*. Almería: Universidad de Almería, 1996.

García, Carlos (ed.). *Correspondencia Juan Ramón Jiménez/Guillermo de Torre 1920-1956*. Madrid: Iberoamericana Vervuert, 2006.

Gide, André. *La puerta estrecha*. Traducción de Enrique Díez-Canedo. Madrid: Saturnino Calleja, 1922.

Guerrero Ruiz, Juan. *Juan Ramón de viva voz. Volumen I (1913-1931)*. Prólogo y notas de Manuel Ruiz-Funes Fernández. Valencia: Pretextos/Museo Ramón Gaya, 1998.

——. *Juan Ramón de viva voz. Volumen II (1932-1936)*. Prólogo y notas de Manuel Ruiz-Funes Fernández. Valencia: Pretextos/Museo Ramón Gaya, 1998.

Gullón, Ricardo (selección y nota preliminar). Juan Ramón Jiménez. *Pájinas escojidas. Prosa*. Madrid: Gredos, 1970.

Jammes, Francis. *Manzana de anís*. Traducción y prólogo de Enrique Díez-Canedo. Barcelona: E. Doménech editor, 1909.

Jiménez, Juan Ramón. *Españoles de tres mundos. Viejo mundo, Nuevo mundo, otro mundo. (Caricatura lírica) (1914-1940)*. Buenos Aires: Losada, 1942.

——. *Estética y ética estética (crítica y complemento)*. Selección, ordenación y prólogo de Francisco Garfias. Madrid: Aguilar, 1967.

——. "Habla el poeta". Madrid: *Renacimiento*, núm. VIII, octubre de 1907, pp. 422-426.

——. *Las hojas verdes*. Madrid: Tipografía de la "Revista de Archivos", 1909.

Jiménez León, Marcelino. *Enrique Díez-Canedo, crítico literario*. Tesis de doctorado en Filología Española. Universidad de Barcelona, 2001.

Jorge-Rodríguez, Nellie. "Enrique Díez-Canedo o la verdad poética". Tesis de maestría en Artes del Centro de Estudios Universitarios del Mexico City College. México, 1960.

Litoral. México, agosto de 1944 (núm. especial a la memoria de Enrique Díez-Canedo).

Moreno, Enrique. "Juan Ramón Jiménez". Revista *Madrid*, núm. 3. Barcelona, mayo de 1938, pp. 81-88.

Phillips, Allen W. "Fernando Fortún: su obra y su persona". *Nueva Revista de Filología Hispánica*, tomo XL, 1992, núm. 2, pp. 823-842.

Revista *España*. (edición facsimilar).

Revista *Índice*. Madrid, núms. 1-4, 1920-1921.

Reyes, Alfonso. *Historia documental de mis libros*, en *Obras completas*, tomo XXIV. México: Fondo de Cultura Económica.

Sáinz de Robles, Federico. *Ensayo de un Diccionario de la Literatura*, tomo II. Escritores españoles e hispanoamericanos. Aguilar, 1973.

Sánchez Barbudo, Antonio. *La segunda época de Juan Ramón Jiménez (1916-1953)*. Madrid: Gredos, 1962.

Sherif, Leonardo. *Versos de abril*. Prólogo de F. Villaespesa. Madrid: Imprenta Gutenberg, 1907, 80 pp.

——. "Los cuernos de la luna", en *El Cuento Semanal*, núm. 66, 3 de abril de 1908.

Juan Ramón Jiménez en su obra
acompañado de
Correspondencia Juan Ramón Jiménez/Enrique Díez-Canedo (1907-1944),
se terminó de imprimir en noviembre de 2007 en los talleres de
La Buena Estrella Ediciones, S.A. de C.V.,
Mitla 10, Col. Narvarte, 03020 México, D.F.
Composición tipográfica y formación a cargo de
Socorro Gutiérrez, en Redacta, S.A. de C.V.
Cuidó la edición Aurora Díez-Canedo F.